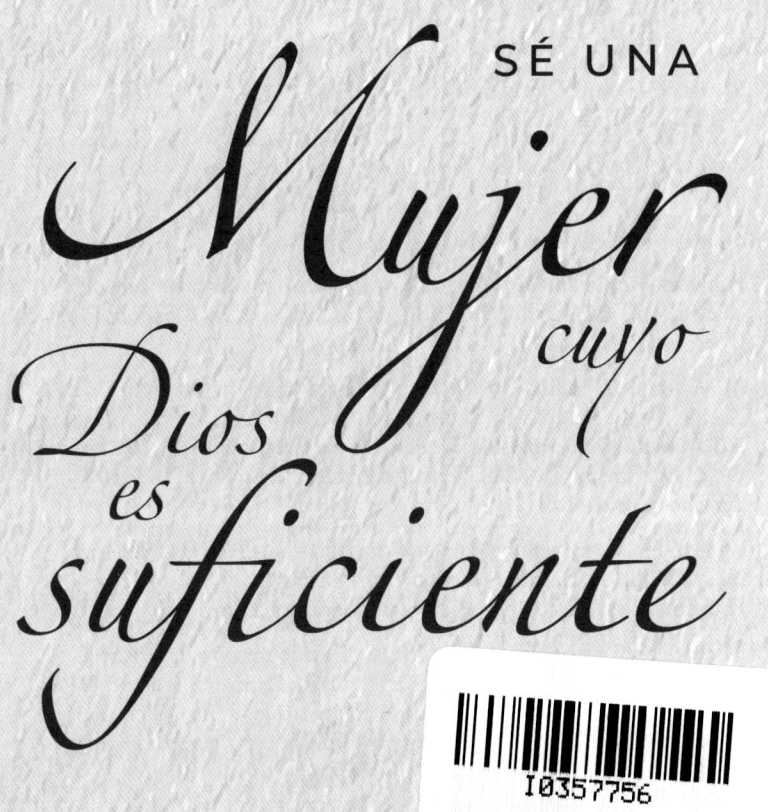

SÉ UNA *Mujer* cuyo *Dios es suficiente*

CYNTHIA HEALD

PATMOS

Sé una mujer cuyo Dios es suficiente
© 2020 por Cynthia Heald

Publicado por Editorial Patmos,
Miami, FL. 33169

Todos los derechos reservados.

Publicado originalmente en inglés por NavPress resource published en alianza con Tyndale House Publishers, Inc. con el título *Becoming a Woman Whose God Is Enough* © 2014 por Cynthia Heald.

A menos que se indique lo contrario, el texto bíblico ha sido tomado de la versión Nueva Traducción Viviente (NTV), © Tyndale House Foundation, 2010. Usado con permiso de Tyndale House Publishers, Inc., 351 Executive Dr., Carol Stream, IL 60188, Estados Unidos de América. Todos los derechos reservados.

El texto bíblico marcado con «NBLA» ha sido tomado de las Escrituras Nueva Biblia de las Américas Copyright © 2005 por The Lockman Foundation usadas con permiso. www.NuevaBiblia.com.

El texto bíblico marcado con «RVR1960» ha sido tomado de la Reina-Valera © 1960 Sociedades Bíblicas en América Latina; © renovado 1988 Sociedades Bíblicas Unidas. Utilizado con permiso. Reina-Valera 1960™ es una marca registrada de la American Bible Society, y puede ser usada solamente bajo licencia.

El texto bíblico marcado con «RVR1995» ha sido tomado de la Reina-Valera 1995 version Reina-Valera 95® © Sociedades Bíblicas Unidas, 1995. Usados con permiso.

El texto bíblico marcado con «LBLA» ha sido tomado de LA BIBLIA DE LAS AMERICAS © Copyright 1986, 1995, 1997 por The Lockman Foundation. Usados con permiso.

El texto bíblico marcado con «MSG» representa una traducción libre de la Biblia *The Message* (NavPress Publishing Group) para esta obra en particular.

Traducido y editado por Grupo Scribere (www.gruposcribere.com)
Diseño por Adrián Romano

ISBN: 978-1-64691-057-1

Categoría: Estudio bíblico / Mujeres

Impreso en Brasil | *Printed in Brazil*

Contenido

Prólogo   5

Padre e hija   7

Lección básica a aprender: Dios es suficiente
1. Dios, el Creador y Dador de todas las cosas   11
2. Dios, nuestro pastor todo suficiente   24
3. Dios, quien está a nuestro favor y no contra nosotras   36

Barreras que impiden aprender que Dios es suficiente
4. Buscar satisfacción en los ídolos   51
5. Estar satisfecha contigo misma   64
6. Sentirse ofendida   77
7. Tener poca fe   91

Bendiciones de aprender que Dios es suficiente
8. Dios escoge por ti   109
9. Contentamiento   122
10. Humildad   134
11. Comunión divina   149

Padre e hija   163

Notas   165

Sobre la autora   175

Prólogo

Saludos, querida amiga. El estudio que tienes en tus manos fue escrito con una mezcla de gozo y lágrimas. Gozo porque medité, recordé y aprendí una vez más sobre la maravillosa suficiencia de Dios. Lágrimas porque estas verdades me mostraron mi espíritu independiente y falta de confianza en el Señor. ¿Por qué tiendo a tomar las riendas de los asuntos? ¿Por qué creo que sé lo que es mejor? ¿Por qué busco satisfacción en el mundo? ¿Por qué no creo que Dios es todo lo que necesito?

Mientras estudiaba, me sentí humillada por la magnificencia y la magnanimidad de Dios. Me siento identificada con el clamor del salmista: «Oh Señor, ¿quiénes somos para que te fijes en nosotros, para que te preocupes por nosotros simples mortales?» (Salmos 144:3). Dios es quien da vida; quien se sacrifica por nosotros; quien nos ofrece gracia y amor en abundancia. Él guía, protege y provee con alegría para Su rebaño. Él es un pastor todo suficiente que anhela ser suficiente para nosotros.

La cita de apertura en el primer capítulo fue escrita por la autora de finales del siglo XIX Hannah Whitall Smith. En esta cita, ella plantea que todo el trato de Dios con nosotros tiene el objetivo de enseñarnos que Él es suficiente. Al concluir este estudio, yo llegué a la misma conclusión con todo mi corazón. A medida que transitamos cada día y enfrentamos enojos, dificultades y angustias, Dios siempre nos pregunta: «¿Soy tu roca, tu fortaleza, tu torre fuerte?». «¿Confías en que haré que todas las cosas obren para bien?». «¿Crees que si no escatimé a mi propio Hijo te voy a dar gratuitamente todas las cosas?». «¿Soy suficiente para ti?».

Una gran lección que he aprendido de este estudio es que Dios *quiere* ser suficiente para nosotros. Él quiere ser el Dios del cual dependemos porque desea que lo experimentemos en toda Su plenitud. Él es un Dios poderoso, y desea que nos sumerjamos en Sus profundidades y seamos bendecidos por quien Él es.

Como expreso en uno de los últimos capítulos, es mi deseo aprender y crecer, y este estudio bíblico en particular me ha retado a dejar que Dios sea mi todo en todo. La Palabra de Dios ha hablado a mi corazón de maneras tan penetrantes con respecto a mi orgullo, mi poca fe, mi descontento y mi escasa visión de Dios.

Mi oración por ti es que también seas desafiada y conducida a las riquezas y la abundancia de Su extraordinaria gracia que nos da todas las cosas de forma gratuita. Oro para que tu vida cambie eternamente porque *conozcas* que Dios es suficiente.

Con amor y bendiciones,
Cynthia

Padre e hija

El padre habló:
Mi hija, ¿sabes que soy suficiente para ti?
¿Qué quieres decir, Padre?
¿Soy la primera persona a quien recurres cuando tienes una necesidad?
¿Te sientes incompleta sin mí?
¿Me amas más que a la vida?
¿Eres feliz?
¿Soy tu Pastor, a quien sigues y en quien confías en todas tus necesidades?
Por qué, Padre, quiero decir «sí», pero sé bien con cuánta facilidad confío en mí mismo, en otros, o en el mundo para que satisfaga mis deseos.
Quiero que entiendas el gran amor que siento por ti, amor expresado en la cruz. No escatimé a mi propio Hijo para que tuvieras una relación profunda y permanente conmigo: una relación preciosa para mí y la única que puede satisfacer plenamente tu alma. Si te di a mi Hijo, ¿no te daré con Él también todas las cosas gratuitamente? Todo mi trato contigo es para enseñarte que yo soy suficiente.
Sí, Señor. Sé que deseas mostrar tu misericordia para conmigo en cada cosa, y sé que solo en ti puedo encontrar plenitud.
¿Por qué es necesario para ti que me permitas ser todo lo que quiero ser en tu vida?
No estoy seguro Padre, pero quiero saber; quiero aprender. Tienes mi atención. Obstaculizo tu obra en mi vida cuando vivo de forma independiente. Quiero que seas suficiente. Estoy cansada de buscar continuamente la plenitud y el contentamiento a mi forma. Mi oración estará encaminada a entender que tu trato conmigo tiene el propósito de enseñarme tu suficiencia.
Bien. Tu deseo de ser enseñada y de crecer en dependencia es importante. Ahora toma mi mano y déjame guiarte a mi plenitud, para que descubras que ciertamente, yo soy suficiente.

Lección básica a aprender: Dios es suficiente

CAPÍTULO I

Dios, el Creador y el Dador de todas las cosas

El que no eximió ni a su propio Hijo, sino que lo entregó por todos nosotros, ¿cómo no nos concederá también con Él todas las cosas?
ROMANOS 8:32 (LBLA)

La lección más grande y sublime que el alma tiene que aprender es que Dios, y solo Dios, es suficiente para todas sus necesidades. Esta es la lección que todo Su trato con nosotros pretende enseñarnos; y este es el descubrimiento supremo de toda nuestra vida cristiana. ¡Dios es suficiente![1]
HANNAH WHITALL SMITH

Creo que Hannah Whitall Smith estaba en lo cierto cuando afirmó con valentía que la lección más grande y sublime que el alma tiene que aprender es la suficiencia total de Dios y solo Dios. Es sublime porque significa que hemos tomado la suprema decisión de reconocer y confiar en Dios por quien Él es: el Dios del universo supremo, eterno y todopoderoso. Y por esto podemos descansar en el poder y el cuidado de nuestro Dios soberano quien nos da todo lo que necesitamos con misericordia y sabiduría. Es la lección más grande porque nuestros corazones están sin descanso y nuestras almas incompletas sin Aquel que nos creó. Blaise Pascal, filósofo cristiano del siglo XVII comentó: «Hay un vacío con la forma de Dios en el corazón de cada ser humano, y no se puede llenarse con ninguna cosa creada, solo lo puede llenar Dios, el Creador, dado a conocer a través de Jesús».[2] Hasta que dejemos que Dios llene este vacío en nuestros corazones, pasaremos nuestras vidas buscando algo que satisfaga nuestra vacuidad. Nos privaremos de experimentar la plenitud y la riqueza de la gracia, la presencia y el plan de Dios para nosotros. El propósito de nuestro estudio es discernir la verdad de que solo Dios puede satisfacernos y proveer de manera suficiente lo que en verdad necesitamos para nuestro bienestar y plenitud. Esta es la principal lección y merece toda nuestra determinación y compromiso, pues, a fin de cuentas, es el descubrimiento supremo de toda nuestra vida cristiana.

El Dios sobre todos los dioses

1. Una oración que se encuentra en uno de mis libros favoritos se dirige al Señor de esta manera: «En el principio, tú, el Increado, hiciste todas las cosas de la nada…».[3] La primera vez que leí esas palabras, me sorprendió la manera en la que el autor se refiere a Dios como el «Increado», y luego me di cuenta de que es la descripción perfecta de Dios, solo el Increado pudo convertirse en el Creador. ¿Qué otras observaciones sobre la supremacía de Dios se pueden aprender de estos versículos?

Salmos 89:5-8

Salmos 103:19

Isaías 44:6-8

Daniel 4:34-35

> Es el poder de Dios como Creador de todo en el universo lo que en primer lugar y ante todo establece Su afirmación de ser el único Dios. Nadie más puede llevar a cabo esta hazaña de creación. Nadie más puede hacer algo de la nada.[4]
> *Mike Mason*

---

2. Apocalipsis 4:11 nos declara: «Señor, digno eres de recibir la gloria, la honra y el poder, porque tú creaste todas las cosas, y por tu voluntad existen y fueron creadas» (RVR1995). Fue por Su voluntad que Él creó todas las cosas; y Su último y más sublime acto de creación fue el hombre y la mujer, hechos a Su propia imagen. Lee Génesis 1:26-28 y 2:15-25. Describe la creación y el plan de Dios para Sus hijos.

---

3. Allen Ross comentó: «Ser hecho a la imagen de Dios significa que los seres humanos compartimos, aunque de forma imperfecta y limitada, la naturaleza de Dios, es decir, Sus atributos expresables (vida, personalidad, verdad, sabiduría, amor, santidad, justicia), y, por tanto, tenemos la capacidad

de tener comunión espiritual con Él».[5] ¿Cómo expresan estos versículos el deseo de Dios de tener una relación personal con nosotros?

Proverbios 8:17

Isaías 55:1-3

Mateo 11:28-30

> Tú nos despiertas para deleite en tu alabanza; porque nos hiciste para ti, y nuestro corazón estará inquieto hasta que descanse en Ti.[6]
> *Agustín, obispo de Hipona*

---

4. Agustín, uno de los primeros teólogos cristianos, reitera el pensamiento de Pascal de que solo Dios puede satisfacer nuestras necesidades. A medida que consideras las declaraciones de Agustín y Pascal, escribe tus criterios a favor o en contra de sus observaciones.

El Dios que da todas las cosas

5. Puesto que Dios nos ha creado para sí mismo, el apóstol Pablo, antiguo fariseo y ávido perseguidor de los cristianos,

declaró con denuedo la gracia de Dios en Romanos 8:32. Lee Romanos 8:31-34 y enumera las verdades que Pablo citó para apoyar su declaración de la abundante generosidad de Dios.

> El don de Cristo tenía el propósito expreso de abrir una puerta a través de la cual pudieran pasar todas las demás cosas buenas. Él es la gran Carta de privilegio cristiano, el Predicador de paz, el Embajador de reconciliación, el Canal de gracia divina... Puesto que no hicimos nada para merecer el don de Cristo, las más pequeñas bendiciones que enriquecen nuestras vidas se nos otorgan, no por causa de nuestros desiertos, sino conforme a la gratuita generosidad de Dios. Él da abundantemente «sin dinero y sin precio». La única condición es recibir a Cristo. Estos regalos se obtienen «con Cristo, o de ningún otro modo».[7]
>
>
> *S. R. Aldridge*

---

6. Romanos 8:34 nos enseña que nadie nos puede condenar, porque Cristo murió y resucitó por nosotros y está sentado en el lugar de honra a la diestra de Dios, intercediendo por nosotros. Para comprender mejor la magnitud del regalo de Dios de Su Hijo, estudia estos pasajes y comenta sobre la preeminencia de Cristo y el valor incalculable de Su sacrificio por nosotros.

1 Corintios 8:6

Filipenses 2:5-11

Colosenses 1:15-20

Tu salvación es posible solo porque Cristo ofreció una total expiación. Estás completo en Él y no tienes nada en ti en lo cual confiar. Descansa solo en los méritos de Jesús, porque Él es la única base de confianza.[8]

Charles H. Spurgeon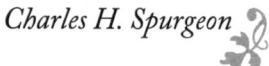

Respuestas bíblicas a la suficiencia de Dios

Para ilustrar cómo nuestras elecciones reflejan si creemos o no que Dios es suficiente, cada capítulo incluirá esta sección especial, la cual explora cómo ciertos hombres y mujeres en la Biblia demostraron su visión de la suficiencia de Dios.

Cuando Dios no parece ser suficiente
Eva
En el perfecto y todo suficiente jardín de Edén, la serpiente persuadió a Eva para que desobedeciera a Dios al comer del fruto prohibido del árbol del conocimiento del bien y el mal. Satanás convenció a Eva para que comiera del fruto al asegurarle que no moriría y que sería como Dios, conociendo el bien y el mal.

La mujer quedó convencida. Vio que el árbol era hermoso y su fruto parecía delicioso, y quiso la sabiduría que le daría. Así que tomó del fruto y lo comió. Después le dio un poco a su esposo que estaba con ella, y él también comió. En ese momento, se les abrieron los ojos, y de pronto sintieron vergüenza por su desnudez. (Génesis 3:6-7)

Cuando Dios es suficiente
Pablo

Al escribir a la iglesia en Filipos, Pablo enumera sus impecables credenciales como fariseo:

> Era tan fanático que perseguía con crueldad a la iglesia, y en cuanto a la justicia, obedecía la ley al pie de la letra. Antes creía que esas cosas eran valiosas, pero ahora considero que no tienen ningún valor debido a lo que Cristo ha hecho. Así es, todo lo demás no vale nada cuando se le compara con el infinito valor de conocer a Cristo Jesús, mi Señor. Por amor a él, he desechado todo lo demás y lo considero basura a fin de ganar a Cristo y llegar a ser uno con él. Ya no me apoyo en mi propia justicia, por medio de obedecer la ley; más bien, llego a ser justo por medio de la fe en Cristo... (Filipenses 3:6-9)

---

7. Pablo declaró que «... Dios mismo nos puso en la relación correcta con él» (Romanos 8:33). A medida que reflexionas en estos pasajes, comenta cómo las elecciones hechas por Eva y Pablo pueden instruirte al aplicar la verdad de la omnipotencia y la suficiencia de Dios.

¿Cuál es «la mentira» (singular) que ha regido la civilización desde la caída del ser humano? Es la creencia de que los hombres y las mujeres pueden ser su propio dios y vivir para la creación y no para el Creador *y no sufrir ninguna consecuencia*.[9]

Warren W. Wiersbe

Pensamientos y reflexiones de una mujer mayor

Cuando algo es suficiente, es abundante, es decir, no se necesita nada más. Estamos satisfechas y tranquilas. Este ha sido el propósito de Dios desde el principio. Él creó el jardín de Edén para Adán y Eva, y no les faltaba nada. Pero una de las estrategias de Satanás es hacernos sentir descontentas e insatisfechas. Sin embargo, Dios, en Su soberanía y bondad, les da a Sus hijos la libertad de elegir. Esto fue lo que Eva hizo: había sido engañada y escogió el fruto prohibido, aunque tenía todo lo que necesitaba.

Fue la inclinación de Eva a buscar «más» fuera de la voluntad de Dios lo que me alerta sobre mi propia susceptibilidad de pensar que puedo actuar independiente de Dios. «Reinhold Niebuhr, un prominente teólogo posterior a la Segunda Guerra Mundial, señaló el problema: "El ego humano asume su autosuficiencia y autocontrol y se imagina seguro… No reconoce el carácter contingente y dependiente de su vida y se cree el autor de su propia existencia».[10] Desafortunadamente, Eva aprendió demasiado tarde que no podía ser la autora de su propia existencia y que solo encontraría su seguridad y satisfacción en su dependencia exclusiva de Dios. Dios es quien creó todas las cosas de la nada; él es el único que siempre será suficiente. A. W. Tozer, pastor y escritor estadounidense, comentó: «¡Él está siempre intentando llamar nuestra atención, tratando de revelarse a nosotros, de comunicarse con nosotros!».[11] Quizás él está siempre intentando llamar nuestra atención porque quiere que sepamos que el descanso y la plenitud solo se pueden encontrar en Él. En verdad Dios da abundantemente, «sin dinero y sin precio». Cuánto le entristece cuando confiamos en nosotras mismas o en el mundo para encontrar plenitud. Creo que esta es una de las razones por las que Pablo estuvo tan dispuesto a tenerlo todo por basura cuando se encontró con el Cristo vivo. Él había buscado la satisfacción y la plenitud bajo sus propios términos, al ser un fariseo justo, pero una vez que conoció a Cristo, ya no deseaba nada más. Pablo hablaba en serio cuando escribió: «Si Dios no se guardó ni a su propio Hijo, sino que lo entregó por todos nosotros, ¿no nos dará también todo lo demás?» (Romanos 8:32).

Hace años, mientras asistía a un banquete, comencé mi proceso de aprender «la lección más grande y sublime» de Hannah Whitall Smith. Mi esposo y yo estábamos sentados en una mesa para ocho personas. Un joven soltero quería conversar con Jack y preguntó si podía sentarse junto a él. Dos parejas, que se conocían, vinieron y llenaron nuestra mesa, solo quedó una silla vacía a mi lado. Después de las presentaciones y una pequeña conversación, se sirvió la ensalada y todos comenzaron a conversar, y yo comencé a comer sola. Después de un rato me cohibí y me centré en mí misma. Seguramente otras personas sentadas a nuestro alrededor notaron que nadie conversaba conmigo. Mientras más tiempo pasaba, más me imaginaba a las personas susurrando: «Ella debe ser antipática y aburrida». Me sentía sola y que llamaba la atención.

Mientras sentía lástima de mí misma, el Todopoderoso Creador del universo de forma abrupta y clara interrumpió mis pensamientos con este reto: «Cynthia, ¿soy suficiente para ti?». Aturdida, susurré con pena: «Oh, sí Señor, tú eres suficiente para mí». Estaba sorprendida, en primer lugar, por su participación evidente e íntima en mi circunstancia, y, en segundo lugar, por

Su profunda interrogante. Entonces surgieron en mi corazón, de parte del Señor, estas preguntas inquietantes y agudas: «¿Entiendes que te amo con amor eterno? ¿Has entendido que nunca te dejaré ni te desampararé? ¿Sabes que soy el Primero y el Último? ¿Necesitas constantemente personas que te reafirmen tu valor? ¿No te das cuenta de que te compré con un alto precio y que eres preciosa a mis ojos? ¿Necesitas buscar satisfacción y validación en el mundo? ¿No es *suficiente* mi presencia, mi amor, mi gracia, mi propósito, mi conocimiento íntimo de ti?». Abrumada por esta santa confrontación, me senté en silencio. De manera increíble, pensé en el interrogatorio de Dios a Job y en la modesta respuesta de Job: «No soy nada, ¿cómo podría yo encontrar las respuestas? Me taparé la boca con la mano» (Job 40:4).

Así que, en medio de un bullicioso banquete —con ojos llorosos, y profundamente humillada, aunque en extremo bendecida por el Dios eterno—, cubrí mi boca y meramente asentí. Mi corazón rebosaba con el gozo y la paz que solo Dios puede dar, y supe de una manera nueva y fresca, que Dios, y solo Dios era suficiente.

> Dios, de tu benevolencia, date a mí; porque tú eres suficiente para mí. No puedo pedir propiamente nada menos, ser digno de ti. Si pidiera menos, siempre me faltaría. Solo en ti lo tengo todo.[12]
> *Julian de Norwich* (siglo XIV)

Reflexión y aplicación personal

Charles H. Brent comentó: «Ciertamente, pareciera que las verdades más profundas vienen solo en momentos de profundo silencio devocional y contemplación».[13] Toma tiempo para estar quieta y prepara tu corazón para meditar y ora por tus respuestas a los siguientes pensamientos. (Tal vez desees tener un diario separado para registrar tus reflexiones en cada capítulo).

8. Revisa con atención este capítulo, toma nota de los versículos y las ideas clave que te impresionaron. Haz un breve resumen de lo que has aprendido en tu estudio.

9. ¿Cómo conocer a Dios como el Creador soberano te ayuda a creer que Él es suficiente? Incluye cualquier duda o impedimentos que tengas para aceptar la suficiencia de Dios.

10. Al examinar tus elecciones diarias, ¿en qué áreas te ves tentada a satisfacer tus propios deseos en lugar de descansar en la provisión de Dios?

11. ¿Estás de acuerdo con el criterio de Hannah Whitall Smith de que descubrir la suficiencia de Dios es la lección más grande y sublime que un cristiano debe aprender? ¿Por qué sí o por qué no?

12. ¿Cómo te ha ayudado este capítulo a percibir a Dios como dador misericordioso de todas las cosas?

13. ¿Cuál sería una forma tangible en que puedes comenzar a dejar que Dios sea suficiente para ti?

14. Al escribir a la iglesia en Éfeso, Pablo se sentía sobrecogido por la gracia y la bondad de Dios, y proclamó: «Cuando pienso en todo esto, caigo de rodillas y elevo una oración al Padre, el Creador de todo lo que existe en el cielo y en la tierra» (Efesios 3:14-15). Después de reflexionar en «todo esto», cierra este capítulo con una oración al Padre y Creador de todo, pídele que se revele a ti como el único Dios que da gratuitamente todas las cosas. Ruega que el Señor, en Su bondad, se dé a ti, y que tu corazón esté más y más alerta a Su deseo de «tener tu atención, de revelarse a ti, de comunicarse contigo». Ora para que seas una estudiante dispuesta, lista para aprender esta gran lección de que solo Él es suficiente. Agradécele por no escatimar ni a Su propio Hijo y por comprometerse a darte amablemente todo lo que necesitas.

> Cuando vienes a Cristo y te haces cristiano, no solo eres consciente de esta nueva vida, sino que eres consciente de este sentido de satisfacción.

Digo esto para la gloria de Dios y de mi Salvador. No hay nada que sepa, que pueda pensar, que pueda imaginar, sino eso que encuentro, y más que encontrar, lo que hay en Él. Él es suficiente. Él es más que suficiente. Él es todo en todo. Él es absolutamente gratificante.[14]

D. Martyn Lloyd Jones

VERSÍCULO A MEMORIZAR: ROMANOS 8:32

CAPÍTULO 2

Dios, nuestro pastor todo suficiente

El Señor es mi pastor; tengo todo lo que necesito.
SALMO 23:1

Como el Señor es mi pastor, no me falta nada. Él satisface mis necesidades. Ese es el lugar al cual Dios nos quiere llevar. Él quiere que seamos independientemente dependientes de Él, que lo necesitemos solo a Él. En realidad, hay solo dos opciones en la vida. Si el Señor es mi pastor, entonces no tendré necesidad; pero si estoy en necesidad, entonces, es obvio que el Señor no es mi pastor.[1]

DAVID H. ROPER

Phillip Keller, un experimentado pastor, escribió en *A Shepherd Looks at Psalm 23* [Un pastor analiza el Salmo 23]: «Es obvio que David, en este salmo, no habla como pastor, aunque él lo era, sino como una oveja, una del rebaño. Él habló con un fuerte sentido de orgullo, devoción y admiración. Es como si literalmente presumiera en voz alta: "¡Miren quién es mi pastor, mi dueño, mi jefe!". ¡Es el Señor!».[2] De hecho, podemos sentir orgullo y deleite al conocer que cuando el Señor es nuestro Pastor, Él se hace cargo de nuestras vidas. Él se involucra de forma personal con Sus ovejas, y se preocupa y provee según las necesidades de cada una en lo individual.

Cuando Abraham estaba a punto de sacrificar a su hijo Isaac en un altar, Dios intervino y proveyó un carnero como sustituto. La Biblia nos declara: «Abraham llamó a aquel lugar Yahveh-jireh (que significa "el Señor proveerá") [...]» (Génesis 22:14). Hannah Whitall Smith escribió: «Abraham descubrió que una de las características de Jehová es ver y satisfacer las necesidades de Su pueblo. Por tanto, él lo llamó Jehová-jireh: el Señor verá, o el Señor proveerá».[3] Nuestro pastor es Jehová-jireh. Él está totalmente comprometido con el bienestar de Su rebaño y con la satisfacción de todas sus necesidades.

Dios provee para nuestras necesidades

1. Dios es descrito como un pastor tanto en el Antiguo como en el Nuevo Testamento. ¿Cómo se describe el cuidado de Dios hacia nosotras en estos versículos?

Salmos 23

Isaías 40:10-11

Juan 10:1-10

2. La iglesia de Filipos envió un regalo monetario al apóstol Pablo, esto lo animó tanto que en esencia declaró: «Mi Señor les recompensará; yo no puedo… y la medida de Su provisión para ustedes serán las inmensurables "riquezas de Su gracia"».[4] Como nuestro Buen Pastor, Dios es más que capaz de suplir nuestras necesidades. ¿Cómo confirman los siguientes pasajes de la Escritura el deseo y la capacidad de Dios de proveer para nosotras?

Juan 4:5-14

Efesios 1:7-8

Filipenses 4:19

3. Cuando Pablo predicó en Atenas, hizo esta declaración: «Él es el Dios que hizo el mundo y todo lo que hay en él. Ya que es el Señor del cielo y de la tierra, no vive en templos hechos por hombres, y las manos humanas no pueden servirlo, porque él no tiene ninguna necesidad. Él es quien da vida y aliento a todo y satisface cada necesidad» (Hechos 17:24-25). ¿Qué necesidades específicas de las ovejas se señalan en estos versículos?

Salmo 142

Mateo 6:25-34

2 Pedro 1:3-4

Dios diseñó que la maquinaria humana funcionara en Él. Él mismo es el combustible que nuestros espíritus fueron diseñados para quemar, o el alimento que nuestros espíritus fueron diseñados para comer. No hay otro.[5]

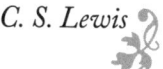
C. S. Lewis

Dios determina nuestras necesidades

4. El autor W. F. Adeney comentó: «Dios no nos dará lo que deseamos, sino lo que necesitamos. Además, nosotros no podemos distinguir entre la necesidad real y nuestra idea de lo que necesitamos. Es solo lo primero lo que Dios suplirá».[6] Estudia estos pasajes de la Escritura y apunta las elecciones necesarias que debemos hacer para que Dios satisfaga nuestras necesidades.

Salmo 34:8-10

Salmo 37:3-5

Salmo 84:11

> (Salmos 84:11) Esta es una promesa abarcadora, y ofrece tal seguridad del bienestar presente de los santos que, lo que sea que ellos deseen y piensen que necesitan, pueden estar seguros de que, la sabiduría infinita ve lo que no es bueno para ellos o la bondad infinita les dará lo que necesitan en su debido tiempo. Preocupémonos por andar en rectitud, y entonces confiemos en que Dios nos dará todo lo que es bueno para nosotros.[7]
>
> *Matthew Henry*

5. W. F. Adeney escribió sobre la distinción entre las necesidades reales y nuestras ideas de lo que necesitamos. Lee Lucas 10:38-42 y apunta cuán diferentes eran las ideas de Marta y de Jesús sobre lo que ella necesitaba.

6. Es importante aprender, como Matthew Henry nos recuerda, que tenemos a la sabiduría y la bondad infinitas como nuestro Pastor, y él sabe lo que es mejor para nosotros. ¿Cómo se ve afectada tu relación con Dios cuando tus necesidades percibidas no son satisfechas?

> «No retendrá ninguna cosa buena», pero cómo es esto cierto, cuando Dios muchas veces retiene riquezas y honores, y salud del cuerpo de los seres

humanos, si bien ellos nunca andan tan rectamente; por tanto, debemos saber que los honores, las riquezas y la fuerza corporal, no son ninguna de las cosas buenas de Dios; son parte del número de cosas indiferentes que Dios concede sin discriminación al justo y al injusto, así como envía la lluvia y hace que brille el sol. Las cosas buenas de Dios son principalmente paz en la consciencia y gozo en el Espíritu Santo en esta vida; deleite en la presencia de Dios, y visión de su bendito rostro en el futuro, y estas cosas buenas Dios nunca las derrama sobre el impío, nunca las retiene del piadoso, y se resumen en una sola frase cuando declara: «Bienaventurados los de limpio corazón (y esto solo son los que caminan en rectitud), porque ellos verán a Dios».[8]

Charles H. Spurgeon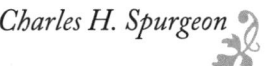

Respuestas bíblicas a la suficiencia de Dios

Cuando Dios no parece ser suficiente
David, el rey
Hubo un momento en el reinado de David en que él decidió no ir a la guerra con sus tropas. Mientras caminaba por el tejado de su palacio, vio a una mujer hermosa, Betsabé, quien se estaba bañando. David envió mensajeros para que la llevaran al palacio, y se acostó con ella. Ella quedó embarazada, y David, para protegerse, al final ordenó que el esposo de Betsabé, Urías, muriera en batalla. El Señor envió al profeta Natán a que confrontara a David.

«... El Señor, Dios de Israel, dice: "Yo te ungí rey de Israel y te libré del poder de Saúl. Te di la casa de tu amo, sus esposas y los reinos de Israel y Judá. Y si eso no hubiera sido suficiente, te habría dado más, mucho más. ¿Por qué entonces despreciaste la palabra del Señor e hiciste este acto tan horrible? Pues mataste a Urías el hitita con la espada de los amonitas y le robaste a su esposa. De ahora en adelante, tu familia vivirá por la espada porque me has despreciado al tomar a la esposa de Urías para que sea tu mujer"». (2 Samuel 12:7-10)

Cuando Dios es suficiente
David, el pastor
Durante el reinado de Saúl, las tropas de Israel enfrentaron al ejército filisteo en batalla. Goliat, un gigante y campeón filisteo, salía de las filas de los filisteos y desafiaba a los israelitas a mandar a un hombre para que peleara con él, y esto determinaría qué ejército sería el vencedor. David, el joven pastor, estaba de visita entre las tropas, y se ofreció como voluntario para pelear. Goliat estaba horrorizado de que solo un muchacho respondiera a sus burlas, y maldijo a David.

«David le respondió al filisteo:
—Tú vienes contra mí con espada, lanza y jabalina, pero yo vengo contra ti en nombre del Señor de los Ejércitos Celestiales, el Dios de los ejércitos de Israel, a quien tú has desafiado. Hoy el Señor te conquistará, y yo te mataré y te cortaré la cabeza. Y luego daré los cadáveres de tus hombres a las aves y a los animales salvajes, ¡y todo el mundo sabrá que hay un Dios en Israel! Todos los que están aquí reunidos sabrán que el Señor rescata a su pueblo, pero no con espada ni con lanza. ¡Esta es la batalla del Señor, y los entregará a ustedes en nuestras manos!». (1 Samuel 17:45-47)

Mientras reflexionas en estos pasajes, comenta sobre el notable contraste entre la confianza de David en el Señor con respecto a Goliat y su confianza en sí mismo con respecto a Betsabé. ¿Qué lecciones puedes aprender de la vida de David sobre permitir que Dios sea suficiente?

Pensamientos y reflexiones de una mujer mayor

No hay duda de que tenemos un Pastor que está comprometido a proveer todo lo que necesitamos para la vida y la santidad. Él ve y provee para nuestras necesidades reales, pues solo él puede verlas. Es importante recordar que cuando tememos a Dios, lo reverenciamos, y lo seguimos como nuestro Pastor, solo entonces podemos tener la seguridad de que poseemos todo lo que es necesario. Nuestra certeza se basa en Jesús como nuestro Buen Pastor que da Su vida por Sus ovejas. Él es nuestra puerta, Su muerte sacrificial en la cruz es prueba de Su amor y compromiso hacia nosotras. Él vino a suplir nuestra primordial necesidad de agua espiritual, de manera que no tengamos sed jamás.

Como estudiamos, nuestro Pastor no está obligado a satisfacer nuestros antojos y deseos. Recordamos esta verdad con el ejemplo de Eva al tomar lo que quería en vez de confiar en Dios, aun cuando él lo retuvo de ella. Es esencial entender que el Señor quiere lo mejor para nosotras de corazón cuando nos niega lo que creemos que necesitamos. C. S. Lewis oró: «En mi ignorancia he pedido A, B y C. Pero no me lo des si vislumbras que, en realidad, serán para mí trampas y sufrimientos».[9] Confiar es permitir que el Señor nos pastoree. Es creer que, si Él retiene algo que queremos, es porque tiene buenas razones para hacerlo, razones que tal vez no conozcamos ni entendamos. Debemos confiar en lo que sí conocemos, el amor y el interés personal de Dios en nuestro bienestar eterno. Siempre me impacta la respuesta del

Señor ante el pecado de David con Betsabé: «Te di la casa de tu amo, sus esposas y los reinos de Israel y Judá. Y si eso no hubiera sido suficiente, te habría dado más, mucho más» (2 Samuel 12:8).

Sobre el Salmo 37:4, Charles Spurgeon comentó: «A los hombres que se deleitan en el deseo de Dios o no piden nada, sino lo que le agrada a él; es seguro darles *carta blanca*».[10] En un pequeño libro sobre la oración, Spurgeon también comentó: «Señor, si lo que pido no te agrada, tampoco me va a agradar. Pongo mis deseos en tus manos para que los corrijas».[11] En Salmos 84:11 se describe al Señor Dios como nuestro sol y escudo: el sol para darnos vida y luz y el escudo para *protegernos*. Así que, encomendamos nuestras vidas, nuestros deseos al cuidado y protección de nuestro todo suficiente Jehová-jireh, quien es más que suficiente.

Al principio de nuestro matrimonio, mi esposo compró una práctica veterinaria. En la propiedad había una vieja casa dúplex de sesenta y cinco años de antigüedad que acordamos sería nuestra vivienda temporal hasta que su práctica se estableciera. Estaba en condiciones deplorables, con el empapelado resquebrajado, la plomería arcaica y muy poco espacio de almacenamiento. Aunque tenía dos cocinas, estaban lejos de ser modernas, incluso en esa época. ¡Para acomodar a nuestros tres niños pequeños, tuve que usar una de las cocinas como cuarto!

Vivíamos en un pueblo relativamente pequeño en el centro de Texas, que podía presumir de cuatro hospitales principales. Como consecuencia, pronto comenzamos a conocer a muchos doctores, quienes amablemente nos invitaban a sus encantadoras casas de una sola cocina. Ahora, yo tenía un dilema; tenía que corresponder a sus invitaciones, pero tenía vergüenza de nuestra casa.

Nuestra estancia en esta situación poco deseable se prolongó porque compramos un terreno y comenzamos a hacer planes de construcción. Al menos ahora, podía hablar de nuestros planes de construir una nueva casa. Sin embargo, como Dios sabía, no pudimos construir, y al final, después de cuatro años, compramos lo que yo llamaba una casa de *verdad*.

Durante este tiempo, mi necesidad, mi *deseo* era una casa, pero el Señor vio mi necesidad bajo una perspectiva diferente. Ciertamente, él estaba supliendo todas mis necesidades inmediatas. En esencia, no me faltaba nada para la vida y la santidad. Dios sabía que mi necesidad real era aprender a lidiar con mi orgullo y aprender a estar contenta con cualquiera que fuera mi circunstancia.

Dios siempre busca lo eterno, el fruto del Espíritu, la conformidad a Su carácter. Él está siempre transformando a Sus hijos para que reflejen Su naturaleza.

Al final de los cuatro años, cuando nos estábamos mudando, el Señor gentilmente habló a mi corazón con este pensamiento: «Cynthia, no podía darte otra casa hasta que estuvieras contenta con la que tenías. Te amo demasiado para darte algo que alimente tu orgullo. Tu necesidad era aprender a confiar en mi provisión, saber que estoy siempre guiando y obrando en tu vida de la mejor manera para ti. Tu necesidad era aprender a fijar tus ojos en mí, no en el mundo o su valoración de ti. Tu necesidad era conocer que yo soy suficiente para ti».

Esta comprensión de Annie Dillard refleja a la perfección las palabras del Señor para mí: «Tus necesidades están totalmente garantizadas con la más estricta garantía, en las palabras más sencillas y verdaderas: llama; busca; pide. Pero debes leer las letras pequeñas. "Yo no os la doy como el mundo la da"»[12] (Juan 14:27, RVR1995).

Mi experiencia con la casa vieja fue mi primera lección para aprender a leer las letras pequeñas y para comprender que todo Su trato conmigo era para enseñarme que Él es suficiente.

Reflexión y aplicación personal

Espera en silencio ante el Señor y pídele que aquiete tu corazón mientras reflexionas en las verdades de este capítulo. Antes de comenzar, es posible que quieras orar por esto y memorizar Salmos 142:5: «Entonces oro a ti, oh Señor, y digo: "Tú eres mi lugar de refugio. En verdad eres todo lo que quiero en la vida"».

7. ¿Qué comprensión especial o versículos sobre Dios como tu Pastor te impresionaron?

8. Escribe tus ideas sobre por qué el Señor está comprometido a suplir tus necesidades reales en lugar de suplir tu idea de lo que crees que necesitas.

9. Dios desea proveer para *todas* tus necesidades: físicas, emocionales y espirituales. ¿En qué área te sientes inclinada a depender de ti misma para suplir tus necesidades? ¿De qué forma puedes comenzar a rendir esta parte de tu vida al Señor?

10. ¿Cómo sientes que el Señor te está hablando sobre confiar en él como tu Pastor?

11. ¿Cuál sería un paso concreto que puedes dar para depender del Señor como tu Pastor?

12. «Cuando pienso en todo esto, caigo de rodillas y elevo una oración al Padre» (Efesios 3:14). Agradece a Dios por Su corazón benévolo para pastorearte. Alábalo por Su regalo de la vida eterna y por Su deseo de derramar sobre ti regalos eternos, no solo temporales. Pídele que corrija y purifique tus deseos. Dale gracias por ser la Sabiduría y la Bondad Infinitas y porque suple tus verdaderas necesidades para tu bien y protección. Pídele que te haga consciente de todo lo que obstaculiza que tú puedas arribar al lugar al que él te quiere llevar, ese lugar donde él satisface todas tus necesidades. Ora que tu confianza crezca y que, con gozo, camines en rectitud a medida que sigues y le confías tu vida a tu Pastor todo suficiente.

> «El Señor es mi pastor» […] Hay un magnífico tono de confianza en esta oración. No hay un «si» ni un «pero», ni siquiera un «yo espero»; sino que afirma: «El Señor *es* mi pastor». Debemos cultivar el espíritu de dependencia segura en nuestro Padre celestial. La palabra más dulce de toda la oración es ese monosílabo: «mi».[13]
>
> *Charles H. Spurgeon*

VERSÍCULO A MEMORIZAR: SALMOS 23:1

CAPÍTULO 3

Dios, quien está a nuestro favor y no contra nosotras

Si Dios está a favor de nosotros, ¿quién podrá ponerse en nuestra contra?

ROMANOS 8:31

En general, él [Pablo] aquí lanza un desafío, tira el guante, por así decirlo, reta a todos los enemigos de los santos a hacer lo peor: si Dios está a favor de nosotros, ¿quién podrá ponerse en nuestra contra? La base de este reto es que Dios está a nuestro favor; en esto él resume todos nuestros privilegios. Esto lo incluye todo, que Dios está a nuestro favor; no solo nos reconcilió, así que no está en contra nuestra, sino en alianza con nosotros, y tan comprometido con nosotros, todos sus atributos son para nosotros, sus promesas son para nosotros. Todo lo que Él es, tiene y hace, es para su pueblo.[1]

MATTHEW HENRY

Qué desafío increíble y qué verdad reconfortante, una que merece nuestro estudio y meditación. Warren Wiersbe ofrece una perspectiva de este versículo al llamar nuestra atención al ministerio de nuestro Dios trino: «*El Padre* está a nuestro favor y lo demostró al entregar a Su Hijo (Romanos 8:32). *El Hijo* está por nosotras (Romanos 8:34) y también *el Espíritu* (Romanos 8:26). Dios hace que todas las cosas cooperen para nuestro bien (Romanos 8:28). En Su persona y providencia, Dios está a nuestro favor».[2] En el capítulo anterior nos enfocamos en el Señor como nuestro Pastor. Ahora necesitamos recordar cuán multifacético y efectivo es Dios en el cumplimiento de Su compromiso con nosotras. Pablo refuerza de manera literal este asunto con su pregunta desafiante: «Entonces, ¿qué podemos decir de cosas tan maravillosas como estas? Si Dios está a favor de nosotros, ¿quién podrá ponerse en nuestra contra?» (Romanos 8:31). Para saber lo que creemos, es imperativo que exploremos las profundidades de Dios: la plenitud de Su ser al comprender cuánto Él está a nuestro favor y cuánto *no* está contra nosotras.

Dios está a nuestro favor en Su plenitud

1. «Crucial para la doctrina bíblica de Dios es Su naturaleza trinitaria. Aunque el término *trinidad* no es una palabra bíblica como tal, la teología cristiana lo ha usado para designar la triple manifestación del único Dios como Padre, Hijo y Espíritu Santo. La doctrina formulada de la Trinidad afirma la verdad de que Dios es uno en ser o esencia que existe eternamente en tres "personas" distintas e iguales».[3] ¿Cómo confirman los siguientes versículos la integridad y la unidad del ministerio de la Trinidad?

Génesis 1:26

Efesios 3:14-19

Efesios 4:4-6

1 Pedro 1:2

¿Podemos entender la doctrina de la Trinidad? Debemos ser advertidos por los errores que se han cometido en el pasado. Todos han sido el resultado de intentos de simplificar la doctrina de la Trinidad y de hacerla totalmente comprensible, quitando todo misterio de ella. Nunca podemos hacer esto. Sin embargo, no es correcto decir que no podemos entender la doctrina de la Trinidad en absoluto. Sin duda, podemos entender y saber que Dios es tres personas, y que cada persona es completamente Dios, y que hay un solo Dios. Podemos conocer estas cosas porque la Biblia las enseña… Pero lo que no podemos entender a plenitud es cómo acoplar esas distintas enseñanzas bíblicas. Nos preguntamos cómo pueden ser tres personas diferentes, y cada persona tiene en sí misma toda la esencia de Dios, y sin embargo Dios es un ser indivisible. Somos incapaces de comprender esto. De hecho, es espiritualmente saludable reconocer con sinceridad que la esencia de Dios es mucho más grande de lo que podemos comprender. Esto nos humilla ante Dios y nos lleva a adorarlo sin reservas.[4]

Wayne Grudem

2. Identificar las funciones específicas de cada persona de la Trinidad es beneficioso para entender con exactitud cómo Dios está a nuestro favor y cómo Él puede ser suficiente para nosotras. Estudia los pasajes dados a continuación para cada una de las personas de la Deidad y registra las manifestaciones únicas y personales de la Trinidad.

   a. Dios el Padre: «Por encima de cualquier concepto abstracto neutral metafísico, el Dios de la Biblia es primeramente y ante todo un ser personal. Él se revela por Sus nombres, en especial el gran nombre personal Yahveh: "¡Yo soy el Señor; ese es mi nombre!..." (Isaías 42:8)».[5]

   Isaías 48:12-13

   Isaías 57:15

   Juan 3:16

   b. Jesús el Cristo: «La verdad es que el Hombre que caminó entre nosotros fue una demostración, no de Deidad revelada, sino de perfecta humanidad».[6]

   Isaías 9:6

   Juan 1:1-4

1 Timoteo 2:5-6

Hebreos 7:24-25

c. El Espíritu Santo: «El Espíritu Santo es quien hace real en tu vida todo lo que Jesús hizo por ti».[7]

Juan 3:5-6

Juan 14:16-17

Juan 16:7, 13-15

Gálatas 5:22-23

Nada puede satisfacer nuestra necesidad mejor que la adoración de la Santísima Trinidad. Es en Dios el Padre, quien nos ha bendecido en Cristo Jesús, que nuestras expectativas descansan. Es en Cristo donde se encuentra la bendición si nos mantenemos en una comunión cercana e ininterrumpida con Él. Es a través del Espíritu Santo que se puede conocer y experimentar la presencia del Padre y del Hijo en poder divino.[8]

Andrew Murray

3. Pablo concluye su carta a la iglesia de Corinto con estas palabras: «Que la gracia del Señor Jesucristo, el amor de Dios y la comunión del Espíritu Santo sean con todos ustedes» (2 Corintios 13:14). Revisa los versículos que has estudiado en las preguntas previas a este capítulo y escribe las múltiples formas en que nuestro Dios trino demuestra que está a nuestro favor.

> En la cruz, en agonía, Él [Jesús] clamó: *¿Por qué? ¿Por qué me has abandonado?* (Mateo 27:45-46). ¿Por qué fue necesario? La respuesta de la Biblia es: por nosotros.[9]
>
> *Timothy Keller*

Dios está a nuestro favor en nuestras tribulaciones

4. Warren Wiersbe llamó la atención sobre la obra de la Trinidad en Romanos 8. Lee detenidamente Romanos 8:26-39 y enumera todas las razones que puedas encontrar para responder al desafío de Pablo de «si Dios está a favor de nosotros, ¿quién podrá ponerse en nuestra contra?».

5. Pablo concluyó su discurso sobre la suficiencia de Dios al proclamar que nada nos puede separar del amor y el cuidado de Dios. Mientras estudias estos versículos, toma nota de las bendiciones que son nuestras porque el Señor está a nuestro favor.

Salmo 16:7-8

Salmo 56:8-11

Salmo 118:5-9

El creyente necesita comenzar cada día con la certeza de que Dios está a su favor. No hay necesidad de temer, pues su Padre amoroso desea solo lo mejor para Sus hijos, incluso si deben atravesar tribulaciones para recibir lo mejor de Él.[10]
Warren Wiersbe

Respuestas bíblicas a la suficiencia de Dios

Cuando Dios no parece ser suficiente
Miriam y Aarón
Mientras estaban en Hazerot, Miriam y Aarón criticaron a Moisés porque se había casado con una cusita. Dijeron: «¿Ha hablado el Señor solamente por medio de Moisés? ¿Acaso no ha hablado también a través de nosotros?...» Entonces el Señor descendió en la columna de nube y se detuvo en la entrada del tabernáculo. «Aarón y Miriam», llamó él. Ellos dieron un paso al frente. Y el Señor les habló: «Escuchen lo que voy a decir: Si hubiera profetas entre ustedes, yo, el Señor, me revelaría en visiones; les hablaría en sueños. Pero no con mi siervo Moisés.

De toda mi casa, él es en quien confío. Yo le hablo a él cara a cara, ¡con claridad y no con acertijos! Él ve al Señor como él es. ¿Entonces por qué no tuvieron temor de criticar a mi siervo Moisés?». El Señor estaba muy enojado con ellos y se fue. Cuando la nube dejó de estar encima del tabernáculo, allí estaba Miriam, con su piel tan blanca como la nieve, leprosa (Números 12:1-2, 5-10, NTV).

Cuando Dios es suficiente
Daniel

Daniel era un alto oficial durante el reinado de Darío en Babilonia. Por causa de su gran capacidad, los demás oficiales estaban celosos y engañaron al rey para que firmara un edicto que incriminaba la adoración de Daniel a Dios. El castigo por orar a alguien que no fuera el rey era la muerte al ser lanzado al foso de los leones. Los administradores informaron que Daniel oraba a su Dios tres veces al día, y que, por tanto, era culpable de violar la ley. Aunque el rey sentía gran aprecio por Daniel, no podía protegerlo de las consecuencias de su transgresión.

> Entonces, finalmente el rey ordenó que arrestaran a Daniel y lo arrojaran al foso de los leones. El rey le dijo: «Que tu Dios, a quien sirves tan fielmente, te rescate». Así que trajeron una piedra y la colocaron sobre la boca del foso. El rey selló la piedra con su sello real y los sellos de sus nobles para que nadie pudiera rescatar a Daniel... Muy temprano a la mañana siguiente, el rey se levantó y fue de prisa al foso de los leones. Cuando llegó allí, gritó con angustia: «¡Daniel, siervo del Dios viviente! ¿Pudo tu Dios, a quien sirves tan fielmente, rescatarte de los leones?». Y Daniel contesto: «¡Qué viva el rey! Mi Dios envió a su ángel para cerrarles la boca a los leones, a fin

de que no me hicieran daño, porque fui declarado inocente ante Dios». (Daniel 6:16-22)

---

6. El Salmo 62:7 declara: «Mi victoria y mi honor provienen solamente de Dios; él es mi refugio, una roca donde ningún enemigo puede alcanzarme». Este versículo fue una realidad para Moisés y para Daniel. Expresa tus pensamientos sobre por qué Miriam, Aarón y los oficiales de Babilonia desafiaron a sus líderes. ¿Qué puedes aprender de estos ejemplos sobre confiar en que Dios es suficiente para ti?

Pensamientos y reflexiones de una mujer mayor

Dios demuestra Su amor por nosotras no al explicarnos Sus caminos, sino al darse a sí mismo en toda Su plenitud. Pablo confirmó esta verdad en Romanos 8. Él esboza la gran obra del Dios trino a nuestro favor: intercede por nosotras, hace que todas las cosas cooperen para nuestro bien, sacrifica a Su propio Hijo, nos coloca en una posición correcta con Él mismo y nos concede una victoria rotunda que nos asegura que nada puede derrotarnos ni separarnos del amor de Dios. Pablo quiere que estemos convencidos de que no importa las circunstancias que atravesemos, Dios está a nuestro favor.

Pablo sabe que después de hacer la valiente declaración de que Dios está a nuestro favor, debe enfrentar el sufrimiento inevitable en la vida. Él confronta este problema al hacer otra pregunta radical: ¿Será que él ya no nos ama si tenemos problemas o aflicciones? (Romanos 8:35). ¿Realmente está Dios a nuestro favor cuando experimentamos aflicción, dolor y muerte?

Philip Yancey abordó este asunto al declarar:

La cruz que sostuvo el cuerpo de Jesús, desnudo y marcado con cicatrices, expuso toda la violencia y la injusticia del mundo. En ese momento, la cruz reveló qué tipo de mundo tenemos y qué tipo de Dios tenemos: un mundo de gran injusticia, un Dios de amor sacrificial. Nadie está exento de tragedias o decepciones: Dios mismo no estuvo exento. Jesús no ofreció inmunidad, ni un *escape* de la injusticia, sino más bien un camino a través de ella hacia el otro lado. Así como el Viernes Santo demolió la creencia instintiva de que se supone que la vida sea justa, el Domingo de Resurrección llegó con su sorprendente señal para responder el enigma del universo. En la oscuridad, una luz refulgente brilló… Algún día, Dios restaurará toda la realidad física a su lugar apropiado bajo su reino. Hasta entonces, es bueno recordar que vivimos nuestros días en Domingo de Resurrección.[11]

Los salmistas declararon la certeza de la presencia de Dios con ellos, pero lo hicieron en el contexto de aflicciones, temor de las personas, y su seguridad de no ser sacudidos. No podemos vivir con esta certeza a menos que creamos que Dios está a nuestro favor. Comprender en alguna medida la Trinidad nos ayuda a creer que Dios el Padre, Dios el Hijo, y Dios el Espíritu Santo están comprometidos, en toda Su plenitud, a actuar a nuestro favor. Hemos sido creadas, redimidas y habitadas por el Dios vivo. «¡Dios puede hacer cualquier cosa, tú sabes, más de lo que puedes imaginar, suponer o pedir en tus sueños más descabellados! Él no lo hace empujándonos, sino obrando con nosotros, su Espíritu con nosotros de manera profunda y gentil» (Efesios 3:20, MSG). ¿Qué más puede hacer Dios para convencernos de que está a nuestro favor? «Porque Cristo murió *por* nosotros y resucitó *por* nosotros, y está sentado en el lugar de honor, a la derecha de Dios, e intercede *por* nosotros» (Romanos 8:34, énfasis añadido).

Tener confianza en el plan de Dios y en Su amor es esencial para atravesar cualquier dificultad que experimentemos. Mi vida en aquella casa vieja durante cuatro años fue un «curso» introductorio que Dios tenía para que yo aprendiera que Él es suficiente y que Sus caminos (sin importar la forma que tomen) son para mi bien supremo. Dios quería enseñarme que es mejor juzgar mis circunstancias a la luz de la Cruz. Necesitaba que supiera que Su presencia y obra en mi vida superan cualquier prueba temporal que tenga que soportar. Su propósito era entrenarme a vivir cada uno de mis días de desilusión, alegría o pruebas como si fuera un Domingo de Resurrección. Si la cruz y la resurrección no son suficientes para demostrar que Dios está a mi favor, tal vez pido demasiado.

Reflexión y aplicación personal

Al comenzar, es posible que desees orar el Salmo 94:14-19. Después de un tiempo para aquietar tu corazón ante el Señor, responde las siguientes preguntas.

7. Toma tiempo para revisar detenidamente este capítulo. Escribe cualquier pensamiento nuevo o alentador que descubras sobre Dios.

8. ¿Cómo te ayuda el estudio de la Trinidad a saber que Dios está a tu favor?

9. La Nueva Traducción Viviente con frecuencia se refiere a Dios como «el Señor de los Ejércitos Celestiales» (Salmo 46:7: «El Señor de los Ejércitos Celestiales está entre nosotros; el Dios de Israel es nuestra fortaleza»). ¿Dé que manera, saber que «el Señor de los Ejércitos Celestiales» está a tu favor te motiva a perseverar en medio de los problemas y las tribulaciones?

10. ¿Qué problemas u obstáculos te impiden creer a plenitud que Dios está a tu favor?

11. ¿Qué necesitas hacer para abrazar la verdad de que Dios está a tu favor y no contra ti?

12. Al finalizar este tiempo de reflexión, considera esta exhortación de Andrew Murray: «Hijo de Dios, póstrate en profunda humildad ante este bendito Señor Jesús, y adóralo: ¡mi Señor y mi Dios! Toma tiempo hasta que estés plenamente consciente de una fe segura en que, como Dios todopoderoso, Cristo obrará por ti, en ti y a través de ti todo lo que Dios desea y todo lo que puedes necesitar».[12]

> Haber encontrado a Dios, haberlo experimentado en lo íntimo de nuestro ser, haber vivido, aunque sea por una hora, en el fuego de Su Trinidad y la dicha de Su unidad, claramente nos hace exclamar: «Ahora entiendo. Solo tú eres suficiente para mí».[13]
>
> *Carlo Corretto*

VERSÍCULO A MEMORIZAR: ROMANOS 8:31

Barreras que impiden aprender que Dios es suficiente

CAPÍTULO 4

Buscar satisfacción en los ídolos

Queridos hijos, aléjense de todo lo que pueda ocupar el lugar de Dios en el corazón.
1 JUAN 5:21

¿Qué es un ídolo? Todo lo que sea más importante para ti que Dios, todo lo que absorbe tu corazón e imaginación más que Dios, todo lo que esperas que te dé lo que solo Dios puede darte.[1]
TIMOTHY KELLER

El apóstol Juan vivía en Éfeso cuando escribió las epístolas que llamamos 1, 2, y 3 Juan. La principal diosa de la ciudad era Diana. La construcción de su templo se hizo en 200 años, y tenía 420 pies (128 metros) de largo y 220 pies (67 metros) de ancho. En el centro había una estatua de Diana envuelta en un velo de seda persa. Las personas venían de todas partes del mundo para adorarla.[2] Fue en este contexto que Juan termina su carta a las iglesias de Asia con este solemne mandato: «Hijos, aléjense de los ídolos» (1 Juan 5:21, NBLA).

Esta advertencia es tan aplicable a nuestra cultura como lo fue para la de Juan. Estamos rodeadas por multitudes de «Dianas» que compiten por ocupar el lugar de Dios en nuestros corazones. La amonestación de Juan fue a cristianos, y puesto que somos vulnerables a «probar el fruto» del mundo, es nuestra responsabilidad mantenernos alejadas de los ídolos: todo aquello que valoremos y adoremos más que al Señor, ya sea personas, cosas, o conocimiento. Como Eva, nuestra tendencia es ser presa fácil de lo nuevo, lo emocionante, para llenar nuestro vacío percibido. Somos consumidoras por naturaleza, y no solo buscamos novedad, sino también experiencias espirituales frescas y contemporáneas. El padre de la iglesia primitiva, Agustín, estaba en lo cierto cuando expresó que no tenemos reposo hasta que encontramos nuestro descanso en Dios.[3] Por tanto, en este capítulo exploraremos la importancia de ser diligentes en mantenernos alejadas de todo lo que pueda tomar el lugar de Dios en nuestros corazones.

La insuficiencia de los ídolos

1. Dios se describe a sí mismo como un Dios celoso que no tolerará que entreguemos nuestro corazón a otros dioses (Éxodo 20:5). El celo que Dios expone no es el celo que viene a nuestra mente de inmediato; Él no es envidioso ni rencoroso.

    a. Consulta un diccionario para encontrar la mejor definición o las palabras que describan el celo de Dios.

    b. ¿Qué nos enseñan los siguientes versículos sobre la adoración a los ídolos y el celo de Dios?

    Éxodo 20:1-6

Éxodo 34:12-14

Jeremías 10:8-11

Él no es «celoso» como pensaban los griegos, del mero éxito o grandeza; sino que es muy celoso de su propio honor, y no tendrá el respeto y la reverencia que merece, cuando esto se le ofrece a otros seres u objetos inanimados.[4]

George Rawlinson

---

2. Si alguien pudiera hablar de la futilidad de buscar satisfacción en los ídolos, ese sería Salomón. Él escribió el Libro de Eclesiastés para describir su búsqueda del verdadero significado de la vida. Warren Wiersbe comentó de manera sabia: «¡Salomón lo tenía todo, pero su vida estaba vacía! No hay necesidad de que tú y yo repitamos estos experimentos. Aceptemos las conclusiones de Salomón y evitemos la angustia y el dolor que se debe soportar cuando se experimenta en el laboratorio de la vida».[5] Lee Eclesiastés 2. Escribe las diferentes formas en que Salomón intentó encontrar realización y registra su conclusión final.

Somos propensos a andar por nuestra cuenta, intentar ser humanos por nuestros propios recursos y deseos, lo cual hace de Eclesiastés una lectura obligada. Eclesiastés limpia nuestras almas de todas las espiritualidades en nuestro «estilo de vida» para que podamos estar listos para la visitación de Dios revelada en Jesucristo… Es una exposición y rechazo de cada expectativa arrogante e ignorante de que podemos vivir por nosotros mismos y en nuestros propios términos.⁶

Eugene Peterson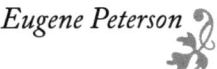

3. En nuestra búsqueda de satisfacción, es fácil permitir que algo bueno tome el lugar de Dios en nuestro corazón. Esto es idolatría, porque todo aquello que amamos más que a Dios es un ídolo. Timothy Keller nos recuerda: «Sabemos que algo bueno se ha convertido en un dios falso cuando sus demandas sobre ti superan los límites adecuados».⁷ ¿Qué ídolos potenciales se abordan en los siguientes versículos, y de qué manera pueden ellos «superar los límites adecuados»?

Mateo 6:25

Lucas 14:25-27

2 Corintios 11:3-4

Colosenses 2:20-23

> Un ídolo es aquello que miras y confiesas en lo profundo de tu corazón: «Si tengo eso, entonces sentiré que mi vida tiene significado, entonces sabré que tengo valor y así me sentiré importante y seguro».[8]
>
> *Timothy Keller*

---

4. El joven rico tenía posición, fortuna y moralidad, sin embargo, al parecer, sentía una necesidad por algo más. En el contexto de nuestro estudio sobre los ídolos, ¿qué podemos aprender del diálogo entre Jesús y este hombre? (ver Marcos 10:17-22).

> En ningún lugar de la Biblia se nos enseña que un pecador es salvo si vende sus bienes y reparte el dinero... Jesús sabía que este hombre era ambicioso; amaba las riquezas materiales. Al pedirle que vendiera sus posesiones, Jesús lo estaba forzando a examinar su propio corazón y determinar sus prioridades. A pesar de todas sus cualidades admirables, el joven aún no amaba a Dios verdaderamente con todo su corazón. Las posesiones eran su dios.[9]
>
> *Warren Wiersbe*

---

5. Pablo les escribió a los corintios: «Por lo tanto, mis queridos amigos, huyan de la adoración a los ídolos» (1 Corintios 10:14). Mientras reflexionas en tu estudio hasta ahora, ¿cuáles son algunos ídolos predominantes que ves en nuestro

mundo hoy? ¿De qué «dioses falsos» crees que nosotros, como creyentes, debemos cuidarnos?

¿No es Dios suficiente para suplir todas tus necesidades, o Su suficiencia es demasiado poco para tus necesidades? ¿Quieres otro ojo además del que ve todos los secretos? ¿Es débil Su corazón? ¿Se cansa Su brazo? Sí así es, busca otro dios. Pero si Él es infinito, omnipotente, fiel, verdadero, omnisciente, entonces, ¿por qué buscar otra confianza? ¿Por qué rastrillar la tierra para encontrar otro fundamento cuando este es lo suficientemente fuerte para sostener todo el peso que alguna vez puedas poner encima?[10]

Charles H. Spurgeon

La suficiencia de Cristo

6. El Señor declaró en Isaías: «Pero los que aún me rechazan son como el mar agitado, que nunca está tranquilo, sino que continuamente revuelve el lodo y la tierra» (Isaías 57:20). Cuando dependemos de otra cosa que no es Dios para satisfacernos, permanecemos inquietos y vacíos. Mientras lees los versículos a continuación, anota lo que aprendes sobre Cristo con respecto a nuestra herencia y plenitud en Él.

Gálatas 3:24-29

Efesios 1:22-23

Colosenses 2:8-10

La palabra griega para «completo» es *pleróo*. Significa «estar lleno». Estamos llenos en Él. Nuestra plenitud proviene de Su plenitud.[11]

John Phillips

Respuestas bíblicas a la suficiencia de Dios

Cuando Dios no parece ser suficiente
Salomón
Salomón comenzó bien como rey. Edificó el templo e hizo una gloriosa dedicación en oración (ver 1 Reyes 8:22-53). Dios se le apareció en un sueño y le concedió sabiduría y riquezas. También le advirtió que obedeciera Sus decretos y mandamientos. Sin embargo, en vez de obedecer, encontramos el siguiente relato en la Biblia:

> El rey Salomón amó a muchas mujeres extranjeras... el Señor había instruido claramente a los israelitas cuando les dijo: «No se casen con ellas, porque les desviarán el corazón hacia sus dioses». Sin embargo, Salomón se empecinó en amarlas. En total, tuvo setecientas esposas de cuna real y trescientas concubinas. En efecto, ellas apartaron su corazón del Señor. Cuando Salomón ya era anciano, ellas desviaron su corazón para que rindiera culto a otros dioses en lugar de ser totalmente fiel al Señor su Dios, como lo había sido David su padre. (1 Reyes 11:1-4).

Cuando Dios es suficiente

Sadrac, Mesac y Abed-nego. Contexto bíblico: Daniel 3:1-13 Nabucodonosor, rey de Babilonia, hizo una estatua de oro de 90 pies (27 metros) de alto y 9 pies (casi 3 m) de ancho y ordenó a todos que se postraran y adoraran la imagen cada vez que se tocara cierta música. El castigo por no inclinarse era la muerte en un horno de fuego. Sadrac, Mesac y Abed-nego eran jóvenes judíos de ascendencia real que habían sido llevados cautivos a Babilonia por el rey Nabucodonosor, y entrenados para ser administradores. Cuando la música sonó y todos se postraron, estos tres permanecieron de pie. Esto fue dicho al rey, quien se enfureció ante tal insubordinación.

> … Cuando los trajeron, Nabucodonosor les preguntó: «¿Es cierto, Sadrac, Mesac y Abed-nego, que ustedes se rehúsan a servir a mis dioses y a rendir culto a la estatua de oro que he levantado? Les daré una oportunidad más para inclinarse y rendir culto a la estatua que he hecho cuando oigan el sonido de los instrumentos musicales. Sin embargo, si se niegan, serán inmediatamente arrojados al horno ardiente y entonces, ¿qué dios podrá rescatarlos de mi poder?». Sadrac, Mesac y Abed-nego contestaron: «Oh Nabucodonosor, no necesitamos defendernos delante de usted. Si nos arrojan al horno ardiente, el Dios a quien servimos es capaz de salvarnos. Él nos rescatará de su poder, de su Majestad; pero, aunque no lo hiciera, deseamos dejar en claro ante usted que jamás serviremos a sus dioses ni rendiremos culto a la estatua de oro que usted ha levantado». (Daniel 3:13-18)

---

7. Sadrac, Mesac y Abed-nego contrastan fuertemente con el rey Salomón en cuanto a la adoración a ídolos. El versículo

que describe el asombro de Nabucodonosor cuando ve cuatro hombres en el fuego es un testimonio de la fidelidad y la suficiencia de Dios. Nabucodonosor gritó: «¡Yo veo a cuatro hombres desatados que caminan en medio del fuego sin sufrir daño! ¡Y el cuarto hombre se parece a un dios!» (Daniel 3:25). Después de leer estos pasajes, ¿qué aprendes de las vidas de estos hombres con respecto a su temor a Dios y el lugar de Él en sus vidas?

Pensamientos y reflexiones de una mujer mayor

Al leer los mandamientos de Dios sobre los ídolos en Éxodo 20, me doy cuenta de cuán poco considero su gran preocupación con respecto a los dioses falsos. ¡Los dioses falsos son *falsos*! Como hemos estudiado, Dios es el único Dios verdadero y tiene todo el derecho a cuidar celosamente Su posición en nuestros corazones. Las consecuencias para aquellos que desobedecen el mandamiento «No tengas ningún otro dios aparte de mí» (Éxodo 20:3) son monumentales: generaciones enteras se ven afectadas. Young escribió: «Servir a los ídolos, depender de cualquier otra cosa que no sea Dios, cualquier cosa menos que Él, algo más fácil de alcanzar y más fácil de satisfacer; esto, cuando se lo despoja de todo disfraz, *equivale a odiar a Dios*. Y un hombre que vive de esta manera se está preparando, no solo para recibir castigos para sí mismo, sino también miserias para los que vienen después de él».[12] Dios expuso de forma clara los efectos devastadores de poner nuestro afecto y dependencia en el lugar equivocado. Esta es la razón por la que está legítimamente celoso por nosotros: porque sabe que Él y solo Él puede ser suficiente. Cuando ya no buscamos ni servimos a los ídolos, entonces Él derrama amor inagotable sobre mil generaciones.

Creo que por esto Jesús fue tan directo con el joven rico. Porque Jesús lo amaba tanto que le reveló cuánto él amaba sus posesiones. Keller comenta: «Es seguro para nosotros mantener algo en nuestras vidas solo si realmente ha dejado de ser un ídolo. Eso solo puede ocurrir cuando estamos realmente dispuestos a vivir sin eso, cuando en verdad declaramos de todo corazón: "porque tengo a Dios, puedo vivir sin ti"».[13]

En 1 Juan 5:21 aparece una exhortación sencilla pero poderosa. *Aléjense*, en el contexto de este versículo, significa estar alerta, persistir, ser consciente y mantenerse alejado de cualquier persona o cosa que pueda tomar el lugar de Dios en nuestras vidas. Solo Cristo puede hacernos sentir plenos; no necesitamos nada más. «Si Dios no se guardó ni a su propio Hijo, sino que lo entregó por todos nosotros, ¿no nos dará también todo lo demás?» (Romanos 8:32). Nuestra satisfacción solo se puede encontrar en Él. «Dios es suficiente» es una lección increíblemente importante de aprender.

Un problema con los ídolos es su sutileza. Pueden «habitar» en nuestros corazones sin que nos demos cuenta. Esto me sucedió hace algunos años. Una amiga me envió un libro que pensó que iba a disfrutar. El título del libro era *100 Christian Women Who Changed the 20th Century* [Cien mujeres cristianas que cambiaron el siglo xx]. Había fotos de mujeres muy especiales en la portada, y estaba ansiosa por leer sobre cada una de ellas. Cuando abrí el libro, noté que la tabla de contenido estaba dividida en diferentes categorías: artes y entretenimiento, misiones, negocios y política, literatura, ministerio cristiano y teología, oratoria y matrimonio y maternidad. Todas las mujeres enumeradas habían sido maestras, escritoras y líderes ministeriales talentosas. Estaba complacida de agregar este libro a mi biblioteca.

Mientras colocaba el libro en un lugar, otra categoría me llamó la atención: «Ministerio de estudio bíblico». Al leer la lista de nombres, pensé: *¡Yo escribo estudios bíblicos, y a lo largo de los años muchas mujeres han hecho mis estudios, y mi nombre no está ahí! Entonces, ¿de dónde vino eso? ¿Qué estaba yo pensando?* Las mujeres de este libro eran bien conocidas y habían sido usadas por Dios de forma poderosa. Cuando leí el título del libro, nunca me pasó por la cabeza pensar que mi nombre debía ser incluido. Pero ahora mi ídolo de ser notada, reconocida y de tener prestigio me pedía que me inclinara y le rindiera homenaje. Adorar a este ídolo me llevó a autocompadecerme, me hizo envidiar, compararme con otros; me pidió que fuera ambiciosa y que buscara el centro de atención. Me hizo sentir que la mejor manera de sentirse plena es ser honrada y reconocida. No es de extrañar que Juan haya escrito: «Hijos, aléjense de los ídolos» (1 Juan 5:21, NBLA).

De inmediato comencé a orar, y la verdad inundó mi alma: Niégate a ti misma, regocíjate cuando otros triunfan, no tengas ambición egoísta, busca primero el reino de Dios. Y como solo Dios puede hacer, con gentileza me recordó el pasaje de la Biblia donde los setenta discípulos acababan de regresar de su viaje misionero con alegría y emoción, y decían: «Señor, aun los demonios se nos sujetan en tu nombre» (Lucas 10:17, RVR1960). Jesús reconoció el poder concedido a ellos, pero concluyó Su respuesta con esta declaración: *Pero no os regocijéis de que los espíritus se os sujetan, sino regocijaos de que vuestros nombres están escritos en los cielos* (Lucas 10:17-20, RVR1960, énfasis añadido).

Él, entonces, susurró en mi corazón: «Cynthia, tu nombre puede no estar en ese libro, pero está en mi libro, y esa es la base de tu gozo, y eso es todo lo que necesitas».

Todo orgullo es idolatría.[14]

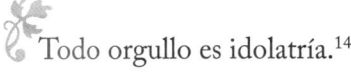

John Wesley

Reflexión y aplicación personal

Al entrar en este tiempo con el Señor, toma unos minutos para estar en silencio delante de Él. Haz una oración basándote en Éxodo 34:14: «No adores a ningún otro dios, porque el Señor, cuyo nombre es Celoso, es un Dios celoso de su relación contigo» (NTV). Pídele que guíe tus pensamientos y respuestas.

8. Revisa este capítulo y señala cualquier pensamiento especial o versículo que se destacó para ti.

9. ¿Cómo te ha ayudado este capítulo a entender el papel que los ídolos pueden jugar en tu vida?

10. Alguien comentó: «Un ídolo es cualquier cosa que, si te quitan, culparías a Dios». ¿Qué piensas sobre esto?

11. ¿Cuál es la pasión que te consume? ¿Qué es aquello sin lo cual no puedes vivir? Pídele al Señor que te muestre cualquier «dios falso» que puedas tener.

12. Examina tu corazón para determinar en qué medida podrías estar buscando satisfacción en los ídolos. ¿Qué puedes hacer para mantenerte alejada de todo lo que podría tomar el lugar de Dios en tu corazón? Escribe tus pensamientos.

13. Cierra con oración, agradeciéndole a Dios que has sido llena y estás completa en Cristo y por la herencia rica y gloriosa que ya es tuya. Alábale porque Él es infinito, omnipotente, fiel, verdadero y omnisciente. Ora para que tengas sabiduría espiritual y perspicacia para que puedas crecer en tu conocimiento de Dios. Pídele a Dios que te muestre cada vez que comiences a buscar satisfacción en un ídolo, y toma la decisión de ser bien celoso de proteger tu corazón contra toda idolatría. Cuéntale tu deseo de dejar que Él sea tu todo en todo y que no deseas nada en la tierra además de Él. George Mueller, con más de noventa años de edad, al dirigirse a ministros y otros obreros cristianos, expresó:

> Me convertí en noviembre de 1825, pero no llegué al punto de rendición total de mi corazón hasta cuatro años más tarde, en julio de 1829. Fue entonces cuando me di cuenta de que mi amor por el dinero, la prominencia, la posición, el poder mundano se había ido. Dios, y solo Él, se convirtió en mi todo en todo. En Él encontré todo lo que necesitaba, y no deseé nada más.[15]
>
>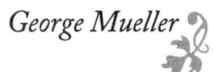
> *George Mueller*

VERSÍCULO A MEMORIZAR: 1 JUAN 5:21

CAPÍTULO 5

ESTAR SATISFECHA CONTIGO MISMA

El amor se preocupa más por los demás que por sí mismo. El amor no desea lo que no tiene. El amor no se jacta, no es orgulloso, no es ofensivo, no piensa en «sí primero».

1 CORINTIOS 13:4-5 (MSG)

Si pudieras vaciarte de ti mismo, como una concha deshabitada, entonces podría Él encontrarte en el banco del océano, y declarar: «Esto no está muerto». Y llenarte de sí mismo. Pero tú estás repleto de ti mismo, y con tanta actividad, que, cuando Él se acerca, expresa: «Esto es suficiente para él. Mejor dejémoslo: es tan pequeño y está tan lleno, no hay espacio para mí».[1]

T. E. BROWN

Cuando nuestra hija mayor tenía tres años, le pedí que me diera la mano para cruzar una calle de mucho tráfico. Ella me miró, juntó sus manos y me dijo: «Yo sujeto mi propia mano». De la boca de una niña salió la descripción más sencilla y directa del orgullo: sujetar nuestras propias manos.

Es esta engañosa autoconfianza e independencia lo que nos impide permitir que Dios nos llene y que sea suficiente. Nuestro orgullo tenaz nos lleva a ser autosuficientes. Neciamente nos decimos a nosotros mismos: «Yo sé lo que es mejor», «yo me puedo cuidar» o «yo tengo el control, puedo determinar lo que sucede». Oswald Chambers no ahorra palabras cuando define el orgullo de esta manera: «El orgullo es la deificación de uno mismo».[2]

Chambers también nos recuerda: «[Dios] no puede hacer nada por nosotros si creemos que somos suficientes; tenemos que entrar a Su reino a través de la puerta de la destitución. Mientras seamos ricos, poseídos de orgullo o independencia, Dios no puede hacer nada por nosotros».[3] Es verdad que cuando estamos llenas de nosotras mismas (como la concha en el banco del océano), no tenemos espacio para Él en nuestras vidas. Cuando dependemos de nuestra propia sabiduría y fuerza, nos convertimos en nuestro propio pastor y estamos sosteniendo nuestra propia mano.

Orgullo: Llena de sí misma

1. Lawrence Richards escribió: «El orgullo de la criatura que busca desplazar a Dios como el centro del universo y le niega al Señor la gloria debida a Él, bien puede ser la causa fundamental de todo el mal que arruina el universo, sobre todo, del pecado original del ser humano (Génesis 3:4-5)».[4] Muchos eruditos, pero no todos, creen que la descripción de Isaías de los deseos arrogantes del rey de Babilonia, que se encuentra en Isaías 14, ilustra la caída de Satanás del cielo. Sin embargo, decidimos interpretar estos maravillosos versículos poéticos, como la descripción vívida del corazón de la arrogancia. Lee Isaías 14:12-14 y resume la esencia del orgullo.

> El orgullo es la especialidad de Satanás. Es la característica que mejor lo describe. El orgullo fue la causa que lo llevó a ser destituido del cielo… El medio más efectivo que el enemigo tiene para impedir que los creyentes sean llenos del Espíritu es mantenernos llenos de nosotros mismos.[5]
>
> *Beth Moore*

2. Proverbios nos enseña que «el orgullo va delante de la destrucción, y la arrogancia antes de la caída» (Proverbios 16:18). Estudia los hombres de los siguientes versículos y toma nota de cómo su orgullo los condujo a la destrucción.

Números 16:1-35

Daniel 5:17-30 (El rey Beltsasar mandó a llamar a Daniel para que interpretara la misteriosa escritura en la pared).

3. a. Naamán, capitán del ejército del rey de Aram, padecía de lepra. Al leer la historia de Naamán en 2 Reyes 5:1-19, describe cómo Dios orquestó las personas y los eventos para humillar a Naamán y revelar su orgullo.

   b. Timothy Keller escribió: «Hasta que Naamán aprendió que Dios era un Dios de gracia, cuya salvación no se puede ganar, solo recibir, él continuaría esclavizado a los ídolos. Continuaría usándolos para alcanzar una seguridad y un significado que no pueden producir».[6] Registra tus pensamientos sobre las observaciones de Keller de lo que Naamán necesitaba aprender sobre su orgullo con respecto a conocer a Dios verdaderamente.

«Ve y lávate», fue difícil porque era demasiado fácil. Para hacerlo, Naamán tenía que admitir que estaba imposibilitado y débil y tenía que recibir su salvación como un regalo gratuito. Si lo que anhelas es la gracia de Dios, lo único que se requiere es necesitarla, lo único que se necesita es nada. Pero ese tipo de humildad espiritual es difícil de alcanzar. Venimos ante Dios y expresamos: «Mira todo lo que he hecho», o quizás «Mira todo lo que he sufrido». Sin embargo, Dios quiere que lo miremos a Él para ser lavados. Naamán necesitaba aprender cómo «rendir su ser mortal». Esta frase proviene de un himno antiguo:

Rinde tu «ser mortal» a los pies de Jesús.
Mantente en Él, solo en Él,
Gloriosamente completo.[7]

Timothy Keller

---

3. Al hablar del Día del Señor, Isaías declara: «El orgullo humano será rebajado, y la arrogancia humana será humillada. Solo el Señor será exaltado en aquel día de juicio» (Isaías 2:11). ¿Qué más puedes aprender de la respuesta de Dios al orgullo en los siguientes versículos?

Salmo 138:6

Proverbios 16:5

Proverbios 21:4

---

4. Jesús hizo una descripción realista del orgullo al describir a los fariseos. Registra Sus observaciones sobre el orgullo y Sus enseñanzas sobre la autopromoción que se encuentran en Mateo 23:1-7 y Lucas 14:7-9.

---

5. El apóstol Pablo sirve como un ejemplo de cuánto Dios se opone al orgullo en Sus hijos. Lee 2 Corintios 12:7-10 y comenta sobre la magnitud de lo que Dios hará para combatir el orgullo e inculcar la humildad.

 El orgullo no puede vivir debajo de la cruz.[8]

Charles Spurgeon

Humildad: Vacía de sí misma

6. Al dejar a un lado el orgullo, comenzamos a tener una nueva perspectiva de nosotras mismas. Estudia estos versículos

y escribe lo que aprendas sobre cómo debemos percibirnos a nosotras mismas de una manera correcta y vivir nuestras vidas libres de orgullo.

Lucas 9:23

Romanos 12:3

2 Corintios 5:15

Gálatas 6:3-5

Entonces, ¿cuál debe ser nuestra actitud hacia nosotros mismos? Es una combinación de auto-afirmación y auto-negación, afirmar todo lo que hay en nosotros que proviene de nuestra creación y redención, y negar todo lo que se remonta a la caída.[9]
John Stott

7. Lee 1 Corintios 13:4-7, donde Pablo describe la vida que ya no está llena del yo, sino del amor de Cristo. ¿Qué puedes aprender de estos versículos sobre cómo se debe vivir la vida «libre de orgullo»?

🍇 Joven, el secreto de mi éxito es que a una temprana edad descubrí que no soy Dios.[10]

Oliver Wendell Holmes Jr. 🍇

Respuestas bíblicas a la suficiencia de Dios

Cuando Dios no parece ser suficiente
El fariseo
Jesús relató la parábola de dos hombres: uno era fariseo y el otro cobrador de impuestos.

> Luego Jesús contó la siguiente historia a algunos que tenían mucha confianza en su propia rectitud y despreciaban a los demás: «Dos hombres fueron al templo a orar. Uno era fariseo, y el otro un despreciado cobrador de impuestos. El fariseo, de pie, apartado de los demás, hizo la siguiente oración: "Te agradezco, Dios, que no soy un pecador como todos los demás. Pues no engaño, no peco y no cometo adulterio. ¡Para nada soy como ese cobrador de impuestos! Ayuno dos veces a la semana y te doy el diezmo de mis ingresos"» (Lucas 18:9-12).

Cuando Dios es suficiente
El cobrador de impuestos

> «En cambio, el cobrador de impuestos se quedó a la distancia y ni siquiera se atrevía a levantar la mirada al cielo mientras oraba, sino que golpeó su pecho en señal de dolor mientras decía: "Oh, Dios, ten compasión de mí, porque soy un pecador". Les digo que fue este pecador

—y no el fariseo—, quien regresó a su casa justificado delante de Dios. Pues los que se exaltan a sí mismos serán humillados, y los que se humillan serán exaltados». (Lucas 18:13-14)

8. Al reflexionar en estos pasajes, describe la actitud del orgulloso fariseo y la del humilde cobrador de impuestos. ¿De qué manera esta parábola te habla?

> El comienzo de toda oración, Cristo nos recuerda, es tomar el lugar del pecador, y pedir con sencillez misericordia. Y como lo es al comienzo, así debe ser el clamor a lo largo de la oración. Nunca hay insatisfacción para el que ha sido justificado. El perdón ha sido recibido. La sangre limpia todo pecado; pero no menos importante, sino aún más, es el conocimiento del pecado y la necesidad de la misericordia siempre renovada. Esta es la humildad: el yo pecaminoso echado fuera por la misericordia divina, y, al que mucho se le perdona, mucho ama. No hay comparación con otras personas, porque Dios es todo en todo.[11]
>
> *J. Marshall Lang*

Pensamientos y reflexiones de una mujer mayor

Tuve el honor de que me invitaran a compartir por segunda vez en una iglesia en Ohio. Aunque habían pasado varios años, estaba deseosa de quedarme en la misma casa y renovar mi relación con esta amorosa familia. En este viaje me acompañó mi querida amiga Danna. Nuestra anfitriona nos recogió en el aeropuerto y nos llevó a su casa. Después de acomodarnos, nos reunimos en la cocina para conversar y ayudar con la cena. La mesa ya estaba servida, y noté un plato rojo «Tú eres especial» en uno de los puestos de la mesa. Esto me trajo recuerdos, porque en mi primera visita, me habían dado este plato significativo. La mesa estaba en la amplia cocina, y cuando se acercaba el momento de sentarnos, yo comencé a poner mi vaso de agua en el puesto donde estaba el «plato rojo». Pensé: *Soy la oradora del fin de semana, y en mi visita anterior me dieron este plato especial, así que estoy segura que este es mi lugar.* Me distraje por un momento durante el último minuto de preparación, y antes de que pudiera reclamar el «asiento de honor», nuestra anfitriona anunció: «Danna, en nuestra familia tenemos la tradición de honrar a nuestros invitados que nos visitan por primera vez con el plato rojo especial, así que, por favor, siéntate aquí. Esta es nuestra forma de darte la bienvenida a nuestra casa».

¡Santo cielo! De inmediato recordé la enseñanza de Jesús sobre la humildad: «Cuando te inviten a una fiesta de bodas, no te sientes en el lugar de honor. ¿Qué pasaría si invitaron a alguien más distinguido que tú? El anfitrión vendría y te diría: "Cédele tu asiento a esta persona". Te sentirías avergonzado, ¡y tendrías que sentarte en cualquier otro lugar que haya quedado libre al final de la mesa!» (Lucas 14:8-9). Con un corazón agradecido oré: *Oh Señor, gracias por librarme de que tuvieran que pedirme que me trasladara al final de la mesa. Qué orgullosa y presuntuosa he sido al creer que el plato rojo era para mí.*

Andrew Murray comentó con razón: «El "yo" es una persona muy exigente, demanda el mejor asiento y el lugar más alto para sí mismo, y se siente profundamente lastimado si no se reconoce su reclamo».[12]

C. S. Lewis describió el orgullo de esta forma: «El orgullo es un cáncer espiritual; se come toda posibilidad de amor, de contentamiento, o incluso, de sentido común».[13] El orgullo es en verdad un cáncer. El orgullo se come el amor porque se preocupa más por sí mismo que por otros. El fariseo solo mencionó al cobrador de impuestos para reconocer su superioridad. Chambers advirtió: «Cuidado con todo lo que te coloque en una posición de superioridad con respecto a otra persona».[14]

El orgullo se come el contentamiento. Me convenzo más de esto cada vez que leo las palabras de Moisés a Coré:

> ... ¡Ahora escuchen, levitas! *¿Les parece de poca importancia* que el Dios de Israel los escogiera de entre toda la comunidad para estar cerca de Él de manera que sirvan en el tabernáculo del Señor y que estén delante de los israelitas para ministrarles? Coré, él ya les dio este ministerio especial a ti y a tus hermanos levitas. ¿Ahora también reclaman el sacerdocio? (Números 16:8-10, énfasis añadido)

El orgullo continúa demandando más, más reconocimiento y más control. No podemos tener contentamiento porque el orgullo siempre busca «el mejor asiento en el lugar más alto».

El orgullo se come el sentido común. Mi sentido común fue devorado cuando asumí que el plato especial era para mí. Si hubiera renunciado a mi actitud de «yo primero», quizás mi sentido común me hubiera inquietado y hubiera discernido para quién era el plato, o al menos no hubiera hecho tan orgullosa suposición.

La lepra en los tiempos bíblicos se puede comparar al cáncer de nuestros días. Aunque Naamán tenía estatus, riquezas y poder, su enfermedad lo estaba «consumiendo» literalmente. Él pensó que su posición y opulencia podían procurar su sanidad física, y se sentía orgullosamente confiado en su capacidad para obtener lo que necesitaba.

Sin embargo, Naamán aprendió que no podía controlar su vida ni manipular las circunstancias de la manera que quería. Entendió que no era suficiente en sí mismo. Para ser limpio, tenía que entrar por la puerta de la destitución. Tenía que poner a un lado su «ser mortal» y humillarse bajo la poderosa mano de Dios. Él diría como el rey Nabucodonosor: «Yo… alabo y glorifico y doy honra al Dios del cielo. Todos sus actos son justos y verdaderos, y es capaz de humillar al soberbio» (Daniel 4:37).

Esta es la buena noticia. Dios puede tratar con nuestro orgullo; Pablo y Naamán son excelentes ejemplos. Somos sanadas de nuestra lepra al reconocer nuestra pobreza e insuficiencia para vivir la vida según nuestra fuerza. Es bajarnos del trono de nuestros corazones y entronar al Señor Jesucristo; es abandonar nuestra manera egoísta de vivir, tomar la cruz cada día y seguir a Jesús (Lucas 9:23). Es aceptar la única cura que existe para el cáncer del orgullo: la muerte y el sacrificio de Jesús en la cruz a favor nuestro.

Mi firma de cierre en cada correo electrónico y carta que escribo es «Mantén tu mano con la de Él». Es un recordatorio constante de mi dependencia del Señor y es la mejor manera de evitar sostener mi propia mano.

Reflexión y aplicación personal

Después de aquietar tu corazón, ora pidiendo que se haga realidad en tu vida el testimonio de Pablo a la iglesia de Corinto: «Hemos dependido de la gracia de Dios y no de nuestra propia sabiduría humana» (2 Corintios 1:12). Asegúrale al Señor que deseas Su sabiduría al responder las siguientes preguntas:

9. Repasa este capítulo y resume tus pensamientos clave sobre el orgullo.

10. ¿Qué pasaje en particular te ayudó a reconocer tu actitud de «yo primero»?

11. ¿En qué áreas te sientes más tentada a compararte con otros o a sostener tu propia mano?

12. Pídele al Señor que te señale los puntos ciegos que puedas tener al reconocer el orgullo en tu vida. Ora para que recibas sabiduría al aprender cómo vaciarte de ti misma para ser llena de Cristo.

13. ¿Has abierto la puerta de la destitución y aceptado el regalo gratuito de la salvación ofrecido por Dios? Aprendemos de Naamán que Dios es un Dios de gracia, y que no hay nada que puedas hacer por ti mismo para ganar o merecer Su amor y perdón. Si es tu deseo aceptar a Cristo como tu Señor y Salvador personal, entonces admite con humildad

que eres pecadora y que necesitas perdón. Confiesa que crees que Jesucristo murió en la cruz por tus pecados y expresa tu deseo de amarlo y seguirlo. «... Ya que creemos que Cristo murió por todos, también creemos que todos hemos muerto a nuestra vida antigua. Él murió por todos para que los que reciben la nueva vida de Cristo ya no vivan más para sí mismos. Más bien, vivirán para Cristo, quien murió y resucitó por ellos» (2 Corintios 5:14-15). Anota en tu Biblia la fecha en que hiciste esta oración para señalar el comienzo de tu nueva vida en Cristo.

---

14. Cierra con oración, suplícale humildemente a Dios que te libere de tu cáncer espiritual del orgullo. Pídele que te muestre tu «ser perspicaz», el ser mortal que necesitas dejar a un lado para ser libre de tu yo y ser llena de Su Espíritu. Ora que tengas una evaluación honesta de ti mismo. Ora que puedas vaciar «todo de ti misma» para que haya espacio abundante para Él. Pídele que mientras mantengas tu mano con la de Él, reflejes la humildad y el espíritu afable de Cristo y que Su amor en ti sea evidente para todos. Ora pidiendo no vivir más para ti misma, sino para Cristo, con el deseo de amar y servir a otros en humilde obediencia.

VERSÍCULO A MEMORIZAR: I CORINTIOS 13:4-5

CAPÍTULO 6

Sentirse ofendida

Al oír Juan en la cárcel de las obras de Cristo, mandó por medio de sus discípulos a decir a Jesús: «¿Eres Tú el que ha de venir, o esperaremos a otro?». Jesús les respondió: «Vayan y cuenten a Juan lo que oyen y ven: los ciegos reciben la vista y los cojos andan, los leprosos quedan limpios, los sordos oyen, los muertos son resucitados y a los pobres se les anuncia el evangelio. Y bienaventurado es el que no se escandaliza de Mí».
MATEO 11:2-6 (NBLA)

Bienaventurado aquel que no se ofende en Cristo; que reconoce Su grandeza espiritual, Su bondad infinita, Su amor profundo y santo. Bienaventurado aquel que no encuentra nada que rechazar en Cristo, sino que lo ve todo atractivo y convincente. Este es bendito, porque encontrará en Cristo todo lo que necesita: paz, bienestar, esperanza, descanso para su alma.[1]

B. C. CAFFIN

Juan el Bautista llevaba en prisión varios meses, finalmente envió a sus discípulos a que le preguntaran a Jesús si Él era el Mesías. Juan tenía que estar inquieto; no estaba acostumbrado al encierro, y en la oscuridad y penuria de su celda, tuvo un momento de duda. Necesitaba la confirmación de que Jesús era Aquel que marcaría el comienzo del reino de los cielos. Quizás Juan había comenzado a pensar: «Mira todo lo que he hecho para servir a Jesús. He preparado con fidelidad el camino del Señor, sin embargo, nada ha cambiado radicalmente. No se supone que esto debe ser así. Jesús no se ha declarado a sí mismo como Rey, tal vez no sea el Mesías».

Cuando se está rodeada de duda e incertidumbre, es fácil sentirse ofendida, sentirse menospreciada o pisoteada con respecto a alguien que nos ha decepcionado o herido. Y nuestra desilusión fundamental a fin de cuentas es con Dios. Nos decimos: «Hice todo bien y ahora tengo que enfrentar esta tragedia; Dios no es justo, otras personas que conozco no sufren como yo; ¿dónde está la vida abundante que Jesús prometió? Esto no es lo que esperaba; Dios me debe todo lo que he hecho por Él». Cuando nos vemos encerradas y desilusionadas por las circunstancias abrumadoras, la pregunta de Juan se hace nuestra: «Dios, ¿realmente eres quien dices ser? ¿En verdad eres suficiente?». Jesús da una respuesta profunda y debemos examinarla para tratar con nuestras expectativas insatisfechas y nuestras supuestas ofensas de parte de Dios.

Sentirse ofendida

1. Albert Barnes comentó: «La palabra *ofensa* significa *piedra de tropiezo*. Este versículo (Mateo 11:6) debería traducirse: "Feliz aquel para quien yo no soy una piedra de tropiezo"».[2] Estudia estos versículos y registra quiénes se sintieron ofendidos y por qué.

Mateo 13:54-57

Mateo 15:1-12

Romanos 9:30-33

---

2. Una de las mejores ilustraciones de personas que tenían el «derecho» a sentirse ofendidas se relata en Mateo 20:1-16. Lee este pasaje y escribe tus ideas sobre por qué el propietario respondió como lo hizo.

> Nunca me pasó por la mente que él [propietario] podría haber actuado con la suposición de que aquellos que habían trabajado en la viña todo el día estarían profundamente agradecidos por la oportunidad de trabajar para su jefe, e incluso sentirse más agradecidos aún al ver qué hombre tan generoso era.[3]
>
> *Henri J. M. Nouwen*

---

3. Jesús relató una parábola que se encuentra en Lucas 15:11-32, es la historia conocida como «el hijo pródigo». Es paradójico que esta parábola en sí fue una ofensa para muchos de sus oyentes, sobre todo los fariseos. Timothy Keller comentó: «No, los oyentes originales no se derritieron en lágrimas al escuchar la historia, más bien se quedaron atónitos, se sintieron

ofendidos e injuriados. El propósito de Jesús no es confortar nuestros corazones, sino destrozar las categorías hechas en nuestra mente. Por medio de esta parábola Jesús desafía lo que casi todos hemos concebido sobre Dios, el pecado y la salvación».[4] Lee detenidamente esta parábola y responde las siguientes preguntas.

    a. ¿Cuál fue la ofensa percibida del hijo menor hacia su padre? Por favor, descríbela.

    b. ¿Qué cualidades piadosas demostró el padre hacia su hijo menor antes de que se fuera y después que regresó?

> Cuando Lucas escribe: «Y se mudó a una tierra distante», indica mucho más que el deseo de un joven de ver el mundo. Habla de una renuncia drástica y cortante con la forma de vivir, pensar y actuar que le había sido transmitida a través de las generaciones como un legado sagrado. Más que falta de respeto, es una traición de los valores atesorados de la familia y la comunidad. La «tierra distante» es el mundo en el que se menosprecia todo lo que se consideraba santo en el hogar.[5]
>
> *Henri J. M. Nouwen*

    c. ¿De qué forma el padre intentó animar y alentar a su hijo mayor?

    d. ¿Cómo expresó el hermano mayor su ofensa hacia su padre?

> El orgullo en sus buenas obras, en lugar del arrepentimiento por sus malos hechos, estaba impidiendo que el hijo mayor disfrutara del banquete de salvación. El problema del hermano mayor es su justicia propia, la forma en que usa su expediente moral para poner a Dios y a los demás en deuda con él, para controlarlos y lograr que ellos hagan lo que él quiere.[6]
>
> *Timothy Keller*

---

4. «La palabra "pródigo" no significa "descarriado", sino, según el *Merriam-Webster's Collegiate Dictionary* "malgastador temerario". Significa gastar hasta que no te quede nada. Por tanto, este término es apropiado para describir tanto al padre como al hijo menor en esta historia… Jesús nos está mostrando al Dios de grandes gastos, quien es nada menos que pródigo hacia nosotros, sus hijos».[7] Haz un breve resumen expresando tus ideas sobre cómo esta parábola ilustra la audaz exuberancia de Dios.

> La disposición de pecado no es inmoralidad y maldad, sino la disposición de autosuperación: Yo soy mi propio dios. Esta disposición puede funcionar en una moralidad decorosa o en una inmoralidad indecorosa, pero tiene un fundamento, mi reclamo de mi derecho a mí mismo.[8]
>
> *Oswald Chambers*

Decidir confiar

5. Confiar en la preminencia de Dios y en Sus caminos puede evitar que tropecemos. Puesto que somos seres finitos, se nos hace difícil entender lo infinito. ¿Qué nos enseñan estos versículos sobre cómo debemos ver a Dios en vista de nuestras circunstancias?

Eclesiastés 11:5

Isaías 40:13-14

Isaías 55:8-9

Romanos 11:33-36

> No nos hace bien oponernos a lo que Él decide hacer. Cuando Él le dijo a Moisés: «Yo soy el que soy», en efecto dijo *Yo soy el que soy y no quien tú preferirías que fuera*.[9]
> *Erwin W. Lutzer*

6. Los caminos de Dios no son nuestros caminos, pero siempre son correctos. Mientras atravesamos las dificultades de la

vida, podemos tener la confianza de que Dios está obrando. ¿Cómo estos versículos te animan a confiar en el Señor durante las etapas de dificultad?

Jeremías 17:7

Romanos 8:28

2 Corintios 4:7-10

---

7. Lee Isaías 61:1-2 y repasa Mateo 11:2-6. La petición de Juan el Bautista fue sincera. En esencia, estaba preguntando si Jesús realmente era el Mesías. ¿Cómo crees que la respuesta de Jesús le dio a Juan la seguridad que necesitaba?

> [Jesús] es un rey que no quiere servilismo, sino amor. Por tanto, en lugar de conquistar Jerusalén, Roma, y cualquier otro poder terrenal, escogió el camino humilde y difícil de la encarnación, el amor y la muerte. Una conquista desde adentro.[10]
>
> *Philip Yancey*

Respuestas bíblicas a la suficiencia de Dios

Cuando Dios no parece ser suficiente
Muchos de los discípulos de Cristo

> «Yo vivo gracias al Padre viviente que me envió; de igual manera, todo el que se alimente de mí vivirá gracias a mí. Yo soy el pan verdadero que descendió del cielo. El que coma de este pan no morirá —como les pasó a sus antepasados a pesar de haber comido el maná— sino que vivirá para siempre». Jesús dijo estas cosas mientras enseñaba en la sinagoga de Capernaúm. Muchos de sus discípulos decían: «Esto es muy difícil de entender. ¿Cómo puede alguien aceptarlo?». Jesús era consciente de que sus discípulos se quejaban, así que les dijo: «Acaso esto los ofende? ¿Qué pensarán, entonces, si ven al Hijo del Hombre ascender al cielo otra vez? Solo el Espíritu da vida eterna; los esfuerzos humanos no logran nada. Las palabras que yo les he hablado son espíritu y son vida, pero algunos de ustedes no me creen»… A partir de ese momento, muchos de sus discípulos se apartaron de él y lo abandonaron (Juan 6:57-64, 66).

Cuando Dios es suficiente
Habacuc

> Aunque las higueras no florezcan y no haya uvas en las vides, aunque se pierda la cosecha de oliva y los campos queden vacíos y no den fruto, aunque los rebaños mueran en los campos y los establos estén vacíos, ¡aun así me alegraré en el Señor! ¡Me gozaré en el Dios de mi salvación! ¡El Señor Soberano es mi fuerza! Él me da

pie firme como el venado, capaz de pisar sobre las alturas. (Habacuc 3:17-19)

8. Al meditar en estos pasajes, comenta sobre lo que provocó que «los muchos discípulos» se apartaran y lo que hizo que Habacuc respondiera como lo hizo.

Pensamientos y reflexiones de una mujer mayor

A principios de la década de 1950, Elizabeth Elliot fue a Ecuador como traductora bíblica. En su libro *These Strange Ashes* [Estas extrañas cenizas], ella relata la historia de cómo encontró a don Macario, quien era la respuesta perfecta a su oración de conocer a alguien que la ayudara a aprender el idioma y asistirla en la traducción de la Biblia a la lengua de los Colorado. Él era un cristiano, totalmente bilingüe, y en busca de trabajo.

Después de haber trabajado juntos por un tiempo, un día ella recibió la trágica noticia de que Macario había sido asesinado por la disputa de una tierra. Ella quedó conmocionada ante la pérdida de esta vida y de su ayudante, y con sinceridad expresó sus dudas.

> Al recordar aquella época, creo que fue una lección primordial para mí en la escuela de la fe. Es decir, fue mi primera experiencia de tener que inclinarme ante aquello que no podía explicar... Las pruebas más severas de la fe no son cuando no vemos nada, sino cuando vemos un conjunto imponente de evidencias que parecen probar que nuestra fe es vana. ¿Si Dios fuera Dios, si fuera omnipotente, si se preocupara por nosotros, hubiera pasado

esto? ¿Es esto que enfrento ahora la ratificación de mi llamado, la recompensa de la obediencia? [...] Había deseado a Dios mismo y Él no solo no me había dado lo que pedí, sino que me había arrebatado de un golpe lo que tenía.[11]

Elizabeth parecía hacer eco de los pensamientos de Juan el Bautista: «¿Es esta mi recompensa por la obediencia? ¿Eres realmente el indicado?».

¿Cómo reconcilió Elizabeth que el Dios que amaba y servía también era el Dios que ella no siempre prefería que fuera? Aquí están sus pensamientos:

> Pasó mucho tiempo antes de darme cuenta de que es en nuestra aceptación de lo que nos es dado que Dios se da a sí mismo... Podemos aprender a aceptar cada experiencia de despojo individual como un fragmento de los sufrimientos que Cristo experimentó cuando lo cargó todo sobre sí. «Ciertamente llevó él nuestras enfermedades, y sufrió nuestros dolores» (RVR1960). Esta aflicción, este sufrimiento, esta pérdida total que vacía mis manos y quebranta mi corazón, debo, si quiero, aceptarla, y al aceptarla, encuentro en mis manos algo que ofrecer. Y así se lo devuelvo a Él, quien, en misterioso intercambio, se da a sí mismo.[12]

Confiar en Dios como el gran Yo soy es el fundamento para no dudar de Él. Somos vulnerables a los susurros del enemigo, que nos dice que Dios no es justo, que, si fuera un Dios de amor, esta tragedia no hubiera ocurrido. Ciertamente su silencio es evidencia de Su ausencia y falta de preocupación por lo que estamos atravesando.

Elizabeth experimentó lo que Oswald Chambers llama «la disciplina del desánimo». Chambers explica: «La disciplina del desánimo es esencial en la vida del discipulado... Cuando las tinieblas del desánimo llegan, resiste hasta que terminen, porque de allí vendrá ese seguir a Jesús que resulta un gozo inexplicable».[13] Entender la verdad del amor y el sacrificio de Dios, Su deseo supremo de darse a sí mismo y Sus caminos justos y rectos nos evitará sentirnos ofendidas. Esto también implica entender que la disciplina del desánimo es una parte intrínseca en la vida del discípulo, de manera misteriosa, mientras resistimos, Dios se da a sí mismo y prueba que Él es suficiente.

Randy Alcorn hizo esta observación:

> Algunas personas no pueden creer que Dios creara un mundo en el que las personas sufren tanto. ¿No es más asombroso que Dios creara un mundo en el que nadie haya sufrido más que Él? El Hijo de Dios no tenía culpa; Él llevó la nuestra. En Su amor por nosotros, Dios se autoimpuso la sentencia de muerte a nuestro favor. Una cosa que nunca podemos decir sobre Dios: que Él no comprende lo que significa ser totalmente abandonado, sufrir de forma terrible y morir de manera miserable.[14]

Juan el Bautista nos da un ejemplo de lo que debemos hacer cuando dudamos de Dios. Llevamos nuestra confusión ante el Señor y le pedimos sabiduría. Sin embargo, debemos entender que quizás no escuchemos de inmediato ni recibamos una respuesta específica a nuestra interrogante.

Mike Mason comentó sobre la respuesta de Dios a las preguntas de Job, y expresó: «Si creemos que es irritante que Dios nunca le da a Job razones de su larga y dura experiencia de sufrimiento, entonces, no hemos comprendido los capítulos finales del libro. Aunque es verdad que la respuesta del Señor a Job no es ni lógica ni teológica, no es lo mismo que decir que Él no responde. El Señor *sí* responde. Su respuesta es Él mismo».[15]

Jack y yo tenemos una apreciada representación en bronce del padre del hijo pródigo corriendo para encontrarse con su hijo. Se titula «El amor del padre». Con una expresión de puro gozo en su rostro y con sus brazos extendidos, la figura del padre está proyectada en el momento en que él corre para abrazar a su hijo. Esta estatua es un constante recordatorio gráfico de cuánto nuestro Padre celestial nos ama y de cuánto desea que confiemos en Él y creamos que Él es suficiente.

Reflexión y aplicación personal

Busca estar quieto ante el Señor, y exprésale las palabras de Romanos 8:29 (msg): «Dios sabía lo que estaba haciendo desde el principio. Él decidió desde el comienzo moldear las vidas de aquellos que lo aman junto a la vida de su Hijo». Pídele a Dios que te guíe al considerar tus respuestas a las siguientes ideas.

9. Al repasar este capítulo, ¿qué verdad de la Escritura te habló?

10. ¿Qué aprendiste del amor y el carácter de Dios en los pasajes que estudiaste?

11. ¿Cómo comprender la grandeza de la sabiduría y los caminos de Dios te ayuda a confiar en Él?

12. Pídele a Dios que examine tu corazón en busca de esos momentos en que Él no fue el Dios que tu preferías que fuera. Ora por estas circunstancias, reconoce Su soberanía, y renueva tu confianza en Su bondad infinita.

13. De la Escritura que estudiaste, escribe dos o tres oraciones que resuman cómo sabes que «Dios es suficiente».

14. Al orar, pídele a Dios que busque en tu corazón cualquier ofensa no confesada que tengas contra Él. Corre a Él con arrepentimiento. Ábrele tu corazón con respecto a tus dudas y heridas. Dile al Señor que deseas confiar en Sus caminos y aprender a aceptar y a resistir como su discípulo. Pídele que aumente tu fe en Su plan y provisión para ti. Agradécele que Él comprende y ha experimentado la disciplina del desánimo más de lo que puedes imaginar o comprender. Regocíjate en que Sus respuestas a tus preguntas siempre incluirán el regalo de sí mismo. Encomienda tu camino a Sus caminos y, con gran fe, coloca tu mano en la de Él. Concluye diciendo en oración las palabras de Habacuc 3:17-19.

En la parábola el padre le dice a su hijo: «Mi propiedad es tuya, tuya para que la uses y disfrutes; no hay nada de lo que he hecho que está dentro de lo que puedes ver y alcanzar que no puedas tomar y emplear; todo lo que tengo es tuyo». ¿No es nuestra propiedad considerable como hijos de Dios? Este mundo es su propiedad, y Él la comparte con nosotros. De hecho, prohíbe aquello que podría dañarnos o perjudicar a otros. Por otra parte, Él nos dice: «Toma y comparte, enriquece tu corazón con todo lo que está delante de ti». Y esto no solo se aplica a todos los regalos materiales, sino a todo el bien espiritual: conocimiento, sabiduría, verdad, amor, bondad; esas maravillosas cualidades espirituales que son lo mejor y más precioso de todas las posesiones divinas.[16]

W. Clarkson

VERSÍCULO A MEMORIZAR: MATEO 11:6

CAPÍTULO 7

TENER POCA FE

«¿Por qué tienen miedo?», preguntó Jesús, «¡Tienen tan poca fe!».
MATEO 8:26

La verdadera fe no depende de sí misma, ni de su propio sistema de devoción, sino más bien del Señor y de Su fidelidad. Conoce que nuestra fe en Dios solo es un reflejo de la fe de Dios en nosotros. Porque el Padre cree en nosotros; primeramente, nos trajo a la existencia, y continúa días tras día sosteniendo «todo con el gran poder de su palabra» (Hebreos 1:3). Tener fe es confiar en la fidelidad de nuestro Dios, saber que la fidelidad es ante todo un atributo divino y no humano.[1]

MIKE MASON

Luego de un día de ministerio: «Jesús entró en la barca y comenzó a cruzar el lago con Sus discípulos. De repente, se desató sobre el lago una violenta tormenta, con olas que entraban en el barco, pero Jesús dormía. Los discípulos fueron a despertarlo: —Señor, ¡sálvanos! ¡Nos vamos a ahogar! —gritaron. —¿Por qué tienen miedo? —preguntó Jesús—. ¡Tienen tan poca fe! Entonces se levantó y reprendió al viento y a las olas y, de repente, hubo una gran calma. Los discípulos quedaron asombrados y preguntaron: "¿Quién es este hombre? ¡Hasta el viento y las olas lo obedecen!"» (Mateo 8:23-27). B. C. Caffin responde la pregunta de los discípulos de esta forma: «"¿Quién es este hombre?". Todas las cosas le obedecen: las tormentas de la naturaleza y las tormentas de los corazones inquietos. "¿Quién es este hombre?". El Varón de Dolores; la Palabra encarnada; el Hijo de Dios, "el cual me amó y se entregó a sí mismo por mí"».[2]

Hemos estudiado el compromiso de la Deidad a nuestro favor. Se nos ha asegurado que Dios es nuestro Pastor y que está por nosotros, sin embargo, a menudo enfrentamos tormentas y sentimos que batallamos solos contra las olas. Los discípulos, al sentirse solos y al temer por sus vidas, clamaron al Señor con desesperación. Matthew Henry comentó: «Él no los regañó por molestarlo con sus oraciones, sino por perturbarse con sus temores».[3] Es tiempo de examinar nuestra «poca» fe con relación a cómo respondemos ante las dificultades y el dolor de la vida. La razón por la que los discípulos se asombraron era que solo Dios, quien creó el viento y las olas, podía ordenarles que se aquietaran. Es nuestro Dios poderoso y soberano quien está con nosotros, ¿debemos dudar o tener miedo?

Nuestra necesidad de la fidelidad de Dios

1. Cuando nos llega la aflicción, podemos recordar la misericordia y la gracia de Dios derramada en nosotros cuando aún éramos pecadores. «Pero Dios mostró el gran amor que nos tiene al enviar a Cristo a morir por nosotros cuando todavía éramos pecadores» (Romanos 5:8). ¿De qué manera los siguientes pasajes te ayudan a entender el amor y el sacrificio que nos «trajo» a la existencia?

Romanos 4:5-8

Romanos 8:1-2

Efesios 2:4-5

1 Pedro 1:18-21

Tu confianza en la naturaleza amorosa de Dios es crucial. Esto ha sido una poderosa influencia en mi vida. Siempre analizo mis circunstancias a la luz de la cruz, donde Dios demostró de manera clara, una vez y para siempre, Su profundo amor por mí. Puede que no siempre entienda mi situación presente o cómo se desarrollarán las cosas, pero puedo confiar en el amor que Cristo me demostró cuando entregó Su vida por mí en la cruz. En la muerte y la resurrección de Jesucristo, Dios me convenció para siempre de que me ama. Decido basar mi confianza en Dios, en lo que conozco: Su amor por mí; y decido confiar que en Su tiempo me ayudará a entender las circunstancias confusas que pueda estar experimentando.[4]
Henry Blackaby y Richard Blackaby

---

2. El salmista David declaró de manera precisa el cuidado personal del Señor: «El Señor es mi roca, mi fortaleza y mi salvador. Mi Dios es mi roca, en quien encuentro protección.

Él es mi escudo, el poder que me salva y mi lugar seguro» (Salmos 18:2). ¿Cómo estos versículos fortalecen tu fe y calman tus temores?

Salmo 27:1-3

Isaías 41:10

Mateo 10:28-31

Juan 14:27

> Aférrate a la fidelidad de Dios. Cree, cuando no entiendas, que Él lo sabe todo de ti, que está comprometido a cuidarte. Él lo ha prometido.[5]
> *D. Martyn Lloyd-Jones*

---

3. Al comentar sobre Sadrac, Mesac y Abed-nego cuando fueron echados al horno de fuego, Charles Spurgeon escribió: «Tan seguro como Dios pone a Sus hijos en el horno, así Él estará en el horno con ellos».[6] Spurgeon resalta que Dios también estaba en el horno. Isaías validó la presencia de Dios con nosotros al escribir: «¡Miren! ¡La virgen concebirá un niño! Dará a luz un hijo y lo llamarán Emanuel (que significa "Dios está con nosotros")» (Isaías 7:14). Es esencial

recordar que en nuestras dificultades nuestro Emanuel está con nosotros. ¿Qué aliento sobre esta verdad recibes de estos pasajes de la Biblia?

Deuteronomio 31:8

Isaías 43:1-2

Hebreos 13:5-6

---

4. Mike Mason nos recuerda que nuestra fe depende solo del Señor y de Su fidelidad. ¿Cómo conocer el cuidado devoto de Dios hacia ti aumenta tu fe y alivia tus temores?

> La fe en la Biblia es fe en Dios contra todo lo que lo contradiga. Seguiré confiando en el carácter de Dios sin importar lo que Él pueda hacer. «Aunque Él me matare, en Él esperaré»; esta es la declaración de fe más sublime de toda la Biblia.[7]
> *Oswald Chambers*

---

5. Aunque el Señor amonesta a los discípulos por su poca fe, Él usa la diminuta semilla de mostaza para enseñar sobre la fe

y el reino de Dios en los siguientes pasajes de las Escrituras. ¿Qué se puede aprender de la semilla de mostaza sobre tener una fe real y efectiva?

Marcos 4:30-32

Lucas 17:5-6

> Esta verdad con seguridad *no* es que la posesión de una fe tan *pequeña* como la semilla de mostaza será suficiente, *sino* que la fe que está *plena*, como lo está la semilla de mostaza *de vida y de poder de apropiación*, será beneficiosa para todas las ocasiones. Pues no es cierto que una fe pequeña y débil es suficiente… Solo una fe que se constituye un poder vivo y creciente, como la semilla de mostaza en la tierra, triunfará sobre las dificultades que tendrá que enfrentar y dominar… Desarraigará grandes males en el nombre y la fuerza de Dios. Levantará nobles estructuras del bien, cuando se inspire en la misma fuente.[8]
>
> *W. Clarkson*

---

6. «Manténganse aferrados y firmes en la fe. El sufrimiento no durará para siempre. No pasará mucho tiempo antes de que este Dios generoso que tiene grandes planes para ustedes en Cristo, ¡planes eternos y gloriosos!, los una y los levante

para bien. Él tiene la última palabra; sí, así es» (1 Pedro 5:10, MSG). Permanecer en nuestra fe es esencial para soportar la adversidad. ¿Qué puedes aprender de los siguientes versículos sobre la perspectiva que debemos tener con respecto al sufrimiento y las dificultades?

Juan 16:33

Romanos 8:18

2 Corintios 4:16-18

1 Pedro 1:3-7

> Se nos anima a «vestirnos de Cristo» para ser como Dios [Romanos 13:14]. Es decir, nos guste o no, Dios quiere darnos lo que necesitamos, no lo que ahora pensamos que queremos. Una vez más, nos sentimos apenados por el cumplido intolerable, por demasiado amor, no poco en absoluto.[9]
>
> *C. S. Lewis*

---

7. Pablo establece con seguridad que los caminos de Dios se entretejen para nuestro bien. En Romanos él escribió: «Y sabemos que Dios hace que todas las cosas cooperen para el

bien de los que lo aman y son llamados según el propósito que Él tiene para ellos. Pues Dios conoció a los suyos de antemano y los eligió para que llegaran a ser como su Hijo, a fin de que su Hijo fuera el hijo mayor de muchos hermanos» (Romanos 8:28-29). Al estudiar estos pasajes, ¿qué descubres sobre el propósito de Dios para nosotras, y qué seguridad tenemos de que Él obra para nuestro bien?

Jeremías 29:11

2 Corintios 3:16-18

No es hasta que la historia haya seguido su curso que entenderemos cómo «todas las cosas cooperan para bien». La fe significa creer de antemano lo que solo tendrá sentido al mirar hacia atrás.[10]

Philip Yancey

Respuestas bíblicas a la suficiencia de Dios

Cuando Dios no parece ser suficiente
Tomás

Tomás, uno de los doce discípulos (al que apodaban el Gemelo), no estaba con los otros cuando llegó Jesús. Ellos le contaron: —¡Hemos visto al Señor! Pero él respondió: —No lo creeré a menos que vea las heridas de los clavos en sus manos, meta mis dedos en ellas y ponga mi mano dentro de la herida de su costado. Ocho días después, los discípulos estaban juntos de nuevo, y esa vez Tomás se encontraba con ellos. Las puertas estaban bien cerradas; pero de pronto, igual que antes, Jesús estaba de pie en medio de ellos y dijo: «La paz sea con ustedes». Entonces le dijo a Tomás: —Pon tu dedo aquí y mira mis manos; mete tu mano en la herida de mi costado. Ya no seas incrédulo. ¡Cree! —¡Mi Señor y mi Dios! —exclamó Tomás. Entonces Jesús le dijo: —Tú crees porque me has visto, benditos los que creen sin verme». (Juan 20:24-29)

Cuando Dios es suficiente
Un oficial romano

Cuando Jesús regresó a Capernaúm, un oficial romano se le acercó y le rogó: —Señor, mi joven siervo está en cama, paralizado y con terribles dolores. —Iré a sanarlo —dijo Jesús. —Señor —dijo el oficial—, no soy digno de que entres en mi casa. Tan solo pronuncia la palabra desde donde estás y mi siervo se sanará. Lo sé porque estoy bajo la autoridad de mis oficiales superiores y tengo autoridad sobre mis soldados. Solo tengo que decir: «Vayan», y ellos van, o: «Vengan», y ellos vienen. Y si les digo a mis esclavos: «Hagan esto», lo hacen. Al oírlo, Jesús quedó asombrado. Se dirigió a los que lo seguían y dijo: «Les digo la verdad, ¡no he visto una fe como esta en todo Israel! [...] Entonces Jesús le dijo al oficial romano: «Vuelve a tu casa. Debido a que creíste, ha sucedido». Y el joven siervo quedó sano en esa misma hora. (Mateo 8:5-10, 13)

---

8. A. W. Tozer comentó: «Descansamos en *lo que Dios es*. Creo que solo esto es verdadera fe. Toda fe que debe ser sustentada

por la evidencia de los sentidos no es verdadera fe».[11] Contrasta la fe de Tomás con la del oficial romano. ¿Con quién te identificas más? ¿Por qué?

Pensamientos y reflexiones de una mujer mayor

Lo que el Señor desea es una fe que disipe el temor y las dudas. Él quiere que confiemos en Él como nuestro Emanuel que nos sostiene. Sí, Dios está con nosotras y a nuestro favor. Él es nuestra roca y nuestro protector. Es nuestro Redentor, Salvador y Pastor. Sin embargo, eso no significa que siempre andaremos por mares serenos. Dios estaba con Sadrac, Mesac y Abed-nego, pero, aun así, ellos tuvieron que ir al horno de fuego. Dios protegió a Daniel, pero tuvo que pasar la noche en el foso de los leones. Jesús estaba con los discípulos en la tormenta, pero, aun así, ellos tuvieron que soportar las aterradoras olas. La gracia de Dios fue suficiente para el aguijón de Pablo en la carne, pero, aun así, tuvo que vivir con aquel aguijón por el resto de su vida. En una conferencia, alguien me hizo esta pregunta de manera jocosa: «¿No crees que los cristianos deberían obtener descuentos por los sufrimientos?».

La fe de Elizabeth Elliot ha sido probada con duras experiencias y violentas tormentas. Después que su ayudante de traducción fue asesinado, Elizabeth se casó con Jim Elliot, quien tenía el llamado a evangelizar los indígenas aucas de Ecuador. Tiempo después, Jim y cuatro misioneros fueron atravesados con lanzas hasta morir mientras intentaban compartir a Cristo con los aucas. Ella hizo esta declaración después de la muerte de su esposo: «Dios es Dios. Esa fue la lección principal del acontecimiento más abrumador de mi vida. La muerte de Jim me exigía negar a Dios o creerle, confiar en Él o renunciar a Él. La lección es la misma para todos nosotros. Los contextos son los que cambian».[12] Elizabeth experimentó una horrible tormenta, pero al final ella tenía que responder las preguntas: «¿Seguirás confiando en mí? ¿Soy suficiente para ti?». Su respuesta fue sí. Después de un tiempo y de la dirección providencial de Dios, ella decidió vivir entre los aucas durante dos años, donde compartió las buenas nuevas de Cristo. La fe que Dios quería de Elizabeth y quiere de nosotros es que confiemos plenamente en Él mientras atravesamos los insondables ríos de dificultad.

Max Lucado relata una profunda experiencia de aprendizaje de que «Dios es Dios» y la necesidad de fe a pesar de las circunstancias. Él escribió:

> En el libro *Dios se acercó*, he contado cómo nuestra hija mayor se cayó en una piscina cuando tenía dos años. Un amigo la vio y la salvó. Lo que no declaré fue lo que sucedió la mañana siguiente en mi tiempo de oración. Puse todo mi empeño para registrar mi gratitud en mi diario. Le expresé a Dios lo maravilloso que era por salvarla. Tan claro como si Dios me estuviera hablando, esta pregunta vino a mi mente: *¿Sería menos maravilloso si hubiera permitido que se ahogara? ¿Hubiera dejado de ser un Dios bueno si la hubiera llamado a casa? ¿Estaría aún recibiendo tu alabanza esta mañana si no la hubiera salvado? ¿Sigue* Dios siendo un Dios bueno cuando dice no?[13]

La adversidad es una realidad siempre presente aquí en la tierra. Jesús enseñó: «Aquí en el mundo tendrán muchas pruebas y tristezas; pero ¡anímense!, porque yo he vencido al mundo» (Juan 16:33). En este mundo impío experimentaremos dificultades, pero Dios quiere que continuemos sosteniendo Su mano por fe mientras Él camina con nosotras. Él está con nosotras, sobre todo, para protegernos y guardar nuestros corazones. En 1678 se escribió este agudo pensamiento: «Aunque Dios no siempre libra a Sus hijos de los problemas, sin embargo, Él los libera del mal de los problemas, del desespero de los problemas al sostener su espíritu».[14]

Con certeza, el Señor demostró Su poder cuando le ordenó a las olas y al viento que cesaran, y los discípulos estaban asombrados. Nosotras, también, debemos asombrarnos. ¿Quién es este hombre que ha conquistado el mundo? Él es el Varón de Dolores, el Verbo encarnado, el Hijo de Dios. La manera en que respondemos ante nuestras adversidades refleja nuestra fe en quien Él es. ¿Dudaremos y no confiaremos en Él porque sufrimos? ¿Viviremos en temor y ansiedad porque creemos que de alguna forma nuestro Dios omnipotente pudiera estar dormido? La cuestión nunca es la tormenta, la cuestión es nuestra fe. Oswald Chambers declaró: «Lo grande de la fe en Dios es que mantiene a la persona tranquila en medio de la turbulencia».[15]

Mi querida amiga Mery Beth compartió esta reflexión sobre Jesús cuando dormía durante la tormenta: Cuando somos abrumadas por las dificultades, quizás la mejor manera de responder es ir a nuestro Príncipe de Paz, arrollarnos a Su lado, y descansar «tranquilas en medio de la tormenta».

Siempre habrá tormentas en la vida, pero Dios es nuestro Emanuel, y Él quiere que tengamos una fe fuerte y poderosa que nos apremie a vivir confiadas, descansando en Su amor, Sus caminos y Su fidelidad. Dios es siempre suficiente, pero tenemos la opción de creer si Él es suficiente o no.

Reflexión y aplicación personal

Aquieta tu corazón y haz una oración basándote en Hebreos 13:6: «Así que podemos decir con toda confianza: "El Señor es quien me ayuda, por eso no tendré miedo"». Pídele al Señor que te guíe mientras tú meditas con devoción en este capítulo.

9. Repasa la Escritura y tus respuestas y registra qué verdades o pensamientos especiales se destacaron para ti.

10. ¿Qué has aprendido sobre la fe en este capítulo?

11. ¿Qué crees que Jesús quiso decir cuando declaró: «¡Anímense!» (Juan 16:33).

12. ¿Cómo reaccionas cuando te sientes abrumada por las circunstancias?

13. ¿Cómo ves a Dios fortaleciendo y protegiendo tu espíritu en medio de las adversidades?

14. Cuando estás en medio de una tormenta, ¿qué te ayuda a calmar tus temores y silenciar tus dudas?

15. ¿Puedes expresar como el salmista: «Aunque me ataquen, permaneceré confiado» (Salmo 27:3)? ¿Por qué sí o por qué no?

16. ¿Qué aplicación personal puedes hacer después de estudiar este capítulo?

17. Cierra tu tiempo de reflexión y haz una oración basándote en Salmos 86:1-13.

El problema de reconciliar el sufrimiento humano con la existencia de un Dios que ama, no se puede resolver mientras entendamos la palabra «amor» con un significado trivial, y veamos las cosas como si el ser humano fuera el centro de ellas. El ser humano no es el centro. Dios no existe por el bien de la humanidad. Los seres humanos no existen por el bien de sí mismos. «Pues tú creaste todas las cosas, y existen porque tú las creaste según tu voluntad» (Apocalipsis 4:11). No fuimos creados principalmente para amar a Dios (aunque fuimos hechos para eso también), sino para que Dios pueda amarnos, y que podamos ser el objeto en el cual el amor Divino puede descansar «con complacencia». Pedir que el amor de Dios esté contento con nosotros como somos es pedir que Dios deje de ser Dios: porque Él es lo que es, en la naturaleza de las cosas, Su amor es obstruido y rechazado por ciertas manchas en nuestro carácter presente, y puesto que Él ya nos ama, debe trabajar para hacernos aceptables.[16]

C. S. Lewis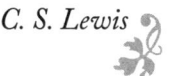

VERSÍCULO A MEMORIZAR: MATEO 8:26

Bendiciones de aprender que Dios es suficiente

CAPÍTULO 8

Dios escoge por ti

Presten atención, ustedes que dicen: «Hoy o mañana iremos a tal o cual ciudad y nos quedaremos un año. Haremos negocios allí y ganaremos dinero». ¿Cómo saben qué será de su vida el día de mañana? La vida de ustedes es como la neblina del amanecer: aparece un rato y luego se esfuma. Lo que deberían decir es: «Si el Señor quiere, viviremos y haremos esto o aquello».

SANTIAGO 4:13-15

En cuanto empiezas a vivir la vida de fe en Dios, perspectivas fascinantes y suntuosas se abrirán ante ti, y estas cosas son tuyas por derecho; pero si vives la vida de fe ejercitarás tu derecho a renunciar a tus derechos, y dejar que Dios escoja por ti.[1]

OSWALD CHAMBERS

A. W. Tozer escribió estas palabras desafiantes: «Dios se ha hecho plenamente responsable de nuestra felicidad y está listo para hacerse cargo de nuestras vidas desde el momento en que ponemos nuestra fe en Él».[2] Hemos estudiado a Dios como Aquel que existe por sí mismo, nuestro Pastor, Redentor, Protector y Proveedor. Conocemos Su gran amor y gracia. Entendemos que Su propósito en nuestras vidas es que seamos semejantes a Cristo. Dios es el Dios todopoderoso, y solo Él, que nos creó, puede saber lo que es mejor para nosotras.

Dios, que no se guardó ni a Su propio Hijo, sino que lo entregó por todas nosotras, ¿no nos dará también todo lo demás? (ver Romanos 8:32). Y ya que nos dio lo más sublime y lo mejor al darnos a Su Hijo, ¿qué nos hace pensar que no continuará dándonos lo mejor? Cuán triste debe sentirse nuestro Señor al estar cerca y vernos dirigir nuestras propias vidas y en el proceso tomar decisiones equivocadas, decisiones que pueden traer consecuencias perdurables. No obstante, sin importar por cuánto tiempo hayamos decidido nuestro propio camino, sin importar las circunstancias que tengamos, Dios está listo para hacerse cargo de nosotras. Al creer que Dios es suficiente es que podemos volvernos en fe a Él y darle permiso para escoger Su camino para nosotras, camino que siempre será el más adecuado, el más honorable, el más ventajoso, el más bendecido, el *mejor*.

Como Jim Elliot expresó: «Dios siempre da lo mejor de sí a aquellos que dejan que Él escoja».[3]

Los caminos de Dios son mejores

1. Con respecto a su siguiente visita a la iglesia de Corinto, Pablo hizo esta declaración: «Esta vez no quiero hacerles una visita corta nada más y luego seguir mi viaje. Deseo ir y quedarme un tiempo si el Señor me lo permite» (1 Corintios 16:7). Así como Pablo estaba dispuesto a dejar que el Señor escogiera por él, Santiago reitera este concepto en Santiago 4:13-17. Estudia estos versículos y comenta sobre las razones por las que debemos depender de Dios para que nos guíe en vez de hacerlo nosotras mismas.

> La certeza es la marca de una vida con sentido común: la incertidumbre es el sello de la vida espiritual. Estar seguro de Dios significa que todos nuestros caminos son inciertos, no sabemos lo que sucederá cada día... Pero cuando tenemos una relación correcta con Dios, la vida está llena de espontaneidad, alegre incertidumbre y expectativa.[4]
>
> *Oswald Chambers*

---

2. La Biblia relata fielmente las vidas de aquellos cuyas historias narra. Al estudiar las decisiones que estos hombres y mujeres tomaron, podemos aprender de ellos sobre las consecuencias de las elecciones egoístas y las bendiciones de confiar en Dios para que nos guíe. Lee la Escritura y completa en la columna correspondiente.

Persona	Elección	Consecuencia
Lot Génesis 13:1-13		
Rut Rut 2:1-12; 4:13-17		
David 2 Samuel 12:1-12		
Giezi (siervo de Eliseo cuando Naamán fue sanado) 2 Reyes 5:15-16, 20-27		
El rico insensato Lucas 12:13-21		

3. Oswald Chambers señaló: «Un cristiano es alguien que confía en el conocimiento y la sabiduría de Dios, no en sus propias habilidades».[5] Al reflexionar en los pasajes anteriores, escribe un resumen de las implicaciones de dirigir tu propia vida.

Lo mejor de Dios está envuelto en amor

4. Uno de los salmos más conocidos es el Salmo 139 escrito por David. De una forma maravillosa describe la omnisciencia de Dios y el conocimiento divino. Lee Salmos 139:1-16 y comenta sobre las diversas manifestaciones del conocimiento íntimo que Dios tiene de nosotras.

> Si no podemos escapar de Su ojo observador, tampoco podemos escondernos de Su amor vigilante. Él amó a Su pueblo antes de que se formaran sus miembros, y Su amor nunca ha menguado.[6]
>
> *Henry Law*

5. Oswald Chambers con frecuencia enseñó sobre cómo Dios quiere servirse de nuestras vidas. Al leer estos versículos, ¿qué aliento recibes para dejar que Dios use tu vida?

Salmo 25:8-10

Salmo 32:8

2 Corintios 5:15

Dios espera que usemos nuestros cerebros y hagamos planes, pero también espera que sometamos esos planes a Él y dejemos que Él tenga la última palabra… Así que, cuando tenemos que tomar una decisión, reunimos todos los hechos y buscamos consejo sabio, hacemos nuestros planes, nos encomendamos nosotros y nuestros planes al Señor, escuchamos Su Palabra y esperamos ante Él para que nos guíe. En ocasiones, Dios nos guía a través de una promesa o advertencia de la Biblia; a veces mientras estamos reunidos adorando junto al pueblo de Dios, Él nos habla a través de una canción o de una lectura bíblica; o también puede dirigirnos a través de circunstancias providenciales.[7]

Warren W. Wiersbe

---

6. «Podemos morar "con el rey para su obra" en cualquier parte. Podemos ser llamados a servirlo en los lugares más improbables y bajo las circunstancias más adversas».[8] Dios a menudo nos coloca en circunstancias que quizás no escogeríamos para nosotras mismas. ¿Qué puedes aprender de estos pasajes sobre ser fiel a Dios en tus circunstancias presentes?

Lucas 2:36-38

Hechos 9:36-41

Hechos 20:22-24

> Nota el indecible desperdicio de los santos, según el juicio del mundo. Dios planta a Sus santos en los lugares más inútiles. Decimos: Dios quiere que esté aquí porque soy tan útil. Jesús nunca valoró Su vida de acuerdo al mayor uso. Dios pone a Sus santos donde ellos lo glorifiquen, y nosotros no somos jueces para determinar qué lugar debe ser.[9]
> *Oswald Chambers*

Respuestas bíblicas a la suficiencia de Dios

Cuando Dios no parece ser suficiente
Israel

Finalmente, todos los ancianos de Israel se reunieron en Ramá para hablar del asunto con Samuel. «Mira Samuel —le dijeron—, ya eres anciano, y tus hijos no son como tú. Danos un rey para que nos juzgue, así como lo tienen las demás naciones». Samuel se disgustó con esta petición y fue al Señor en busca de orientación. «Haz todo lo que te digan —le respondió el Señor—, porque es a mí a quien rechazan y no a ti; ya no quieren que yo siga siendo su rey. Desde que los saqué de Egipto me han abandonado continuamente y han seguido a otros dioses. Y ahora te tratan a ti de la misma manera. Haz lo que te pidan, pero adviérteles seriamente acerca de la manera en que reinará sobre ellos un rey». (1 Samuel 8:4-9)

Cuando Dios es suficiente
Ester

El rey Jerjes gobernó Persia desde 486-465 a. C. Él escogió a su reina, Ester, principalmente por su belleza, y no sabía que ella era de ascendencia judía. Amán, el malvado primer ministro del rey, convenció a Jerjes de firmar un decreto para exterminar a todos los judíos en el país porque estaba celoso del tío de Ester, Mardoqueo. Cuando Mardoqueo supo del edicto, instó a Ester a interceder por su pueblo ante el rey. Ester, quien no había estado en presencia del rey durante un mes, dudaba acercarse a él debido a la ley persa que prohibía a cualquiera entrar a la presencia del rey sin invitación. Si alguien aparecía inesperadamente y el rey no extendía su cetro de oro, esa persona podía ser ejecutada. No obstante, Mardoqueo le imploró a Ester que interviniera, y le recordó: «¿Quién sabe si llegaste a ser reina precisamente para un momento como este?» (Ester 4:14).

Entonces Ester envió la siguiente respuesta a Mardoqueo: «Ve y reúne a todos los judíos que están en Susa y hagan ayuno por mí. No coman ni beban durante tres días, ni de noche ni de día; mis doncellas y yo haremos lo mismo. Entonces, aunque es contra la ley, entraré a ver al rey. Si tengo que morir, moriré». Así que Mardoqueo se puso en marcha e hizo todo tal como Ester le había ordenado. Al tercer día de ayuno, Ester se puso las vestiduras reales y entró en el patio interior del palacio, que daba justo frente a la sala del rey. El rey estaba sentado en su trono real, mirando hacia la entrada. Cuando vio a la reina Ester de pie en el patio interior, ella logró el favor del rey y él le extendió el cetro de oro. Entonces Ester se acercó y tocó la punta del cetro. (Ester 4:15-5:2)

(¡Esta historia tiene un final feliz! Ester habla con el rey, a los judíos se les permite defenderse, y al final triunfan).

7. Chambers nos recuerda que «si vives la vida de fe ejercerás tu derecho a renunciar a tus derechos, y dejar que Dios escoja por ti».[10] Contrasta el proceso que Ester escogió para renunciar a sus derechos con la forma en que Israel eligió tener un rey. ¿Qué puedes aprender de estos pasajes?

Pensamientos y reflexiones de una mujer mayor

Cuando tenía veintiséis años, ejercí mi derecho a renunciar a mis derechos y rendí mi vida al Señor. Cuando cumplí cuarenta, me sorprendió lo rápido que habían pasado los años, y me di cuenta de que con toda probabilidad me encontraba en la mitad de mi vida. Conocía Santiago 4:14, que enseña que la vida es como una neblina: estamos aquí solo por un rato. Le dije al Señor: «No sé cuántos años me quedan, pero quiero que sepas que, por el resto de mi vida, siempre quiero estar en el centro de tu voluntad».

Fue una renovación de mi deseo de dejar que Dios escoja por mí. Al comenzar mi lectura de la Biblia ese año, me sentí intrigada con Rut 3:11, donde Booz le dice a Rut: «Ahora hija mía, no temas. Haré por ti todo lo que me pidas, pues todo mi pueblo en la ciudad sabe que eres una mujer virtuosa» (LBLA). Cuando leí ese versículo, le dije al Señor: «No estoy segura de lo que significa ser una mujer virtuosa, pero quiero descubrirlo. Y quiero pasar el resto de mi vida siendo una mujer virtuosa para Tu gloria».

Me tomó algunos años (tenía cuatro hijos adolescentes en aquel momento), pero escribí un curso titulado *Cómo ser una mujer de excelencia* para las mujeres de nuestra iglesia. Lo enseñé durante varios años, y luego un amigo escuchó sobre este curso y, sin yo saberlo, concertó una cita para mí con un editor de NavPress.

El resto es historia. El estudio se publicó, y desde ese entonces he estado escribiendo y compartiendo en seminarios. Relato esta historia porque nunca oré realmente por esto ni planifiqué escribir o ser oradora. Todavía me toma por sorpresa cuando me presentan como la oradora. Además, no soy escritora. Escribir es extremadamente difícil para mí. Mi visión de escribir es «encadenarme a la computadora».

Sé que puede parecer encantador escribir, hablar y viajar. Pero, para mí, escribir es un trabajo exigente y difícil que requiere disciplina y ¡algo que decir! Un día, cuando me senté a escribir, comencé a orar pidiendo sabiduría y orientación. En mi silencio, me sentí culpable cuando escuché estos pensamientos de parte del Señor: «Oh, Cynthia, veo tu estudio y tu escritura como nuestros momentos especiales de comunión». Viajar puede ser muy estresante y, a veces, frustrante. Sin embargo, este es Su camino seleccionado con mucho cuidado para que yo crezca en intimidad con Él y permanezca en total dependencia de Él. Estoy en este camino porque, afortunadamente, renuncié a mis derechos, puse mi mano en la Suya, y le di permiso para escoger por mí.

Cuando miro hacia atrás en este camino que Dios eligió para mí, me doy cuenta de que Él ha usado mis escritos y estudios principalmente para enseñarme, corregirme y entrenarme. En verdad, cada estudio ha transformado mi vida en una multitud de formas. No tengo ningún estudio favorito, cada uno me ha acercado de manera única al Señor y ha aumentado mi amor por Él.

Quizás tan solo estás comenzando a aprender sobre la suficiencia de Dios y el deseo del Señor de escoger el mejor camino para ti. Nunca es demasiado tarde para dejar a Dios obrar. Él es nuestro Pastor que restaura nuestras almas (Salmos 23:3). Él es nuestro Salvador, quien pone «una corona de belleza en lugar de cenizas, una gozosa bendición en lugar de luto, una festiva alabanza en lugar de desesperación» (Isaías 61:3). Jeremías nos recuerda: «¡El fiel amor del Señor nunca se acaba! Sus misericordias jamás terminan. Grande es su fidelidad; sus misericordias son nuevas cada mañana» (Lamentaciones 3:22-23). Es por causa de las misericordias, el amor y la fidelidad de Dios que Él desea escoger lo mejor para nosotras.

Mike Mason resume bien este pensamiento: «Lo que no entendemos es que en el momento en que le entregamos nuestra voluntad a Dios, Él nos la devuelve de inmediato. ¿Tenemos miedo de que, si rendimos nuestra voluntad, terminaremos sin voluntad en absoluto? Pero entonces no seríamos personas y seríamos inútiles para Dios. No, el secreto cristiano es que la única forma en que podemos tener una voluntad, propiamente hablando, es entregándosela a Dios, para que Él pueda limpiarla, renovarla y devolvérnosla totalmente intacta».[11]

La reina Ester y Jim Elliot, misionero mártir en Ecuador, estuvieron dispuestos a dejar que Dios escogiera por ellos, incluso si eso significaba que podían morir. Ambos mantuvieron una perspectiva eterna de la vida, y como Sus siervos, confiaron en Su voluntad para ellos.

El Dios que sabe todo sobre ti, quien está siempre presente, quién formó todas las partes delicadas e internas de tu cuerpo, y quién ha registrado cada uno de tus días en Su libro, es el Dios suficiente para elegir tu camino, porque Él siempre da lo mejor de sí a quienes lo dejan escoger.

Reflexión y aplicación personal

Ora tomando como ejemplo el siguiente versículo: «Qué preciosos son tus pensamientos acerca de mí, oh Dios. ¡No se pueden enumerar!» (Salmos 139:17). Toma unos minutos para aquietar tu corazón y agradecer al Señor por Su conocimiento íntimo y amor por ti.

8. Repasa cuidadosamente este capítulo y toma nota de la Escritura o citas que se destacaron para ti.

9. ¿Cómo, entender la brevedad de la vida, te ayuda a dejar que Dios escoja por ti?

10. ¿Qué significa para ti ejercer «tu derecho a renunciar a tus derechos»?

11. ¿Qué personaje bíblico y las decisiones que él / ella tomó tuvieron un impacto en ti? ¿Por qué?

12. ¿Te alienta saber que puedes servir y glorificar a Dios en circunstancias comunes? ¿Por qué sí o por qué no?

13. Pídele a Dios que te muestre las formas en que tiendes a dirigir tu propia vida. Estate quieta en Su presencia para discernir lo que necesitas hacer para permitir que Dios escoja por ti.

14. Al meditar en Santiago 4:13-17, toma tiempo para sustituir *yo* en lugar de *ustedes* y *mi* en lugar de *su* para hacer el versículo más personal.

15. Concluye orando las palabras de Salmos 139:23-24.

Amado, cuando tengas dudas sobre qué camino tomar, somete tu juicio de manera absoluta al Espíritu de Dios, pídele que cierre toda puerta y abra la correcta. Dile: «Bendito Espíritu, te entrego toda la responsabilidad de cerrar cada camino y detener cada paso que no sea de Dios. Déjame escuchar tu voz detrás de mí cada vez que me "desvíe a la derecha o a la izquierda" [Deut. 5:32]».[12]

F. B. Meyer

VERSÍCULO A MEMORIZAR: SANTIAGO 4:13-15

CAPÍTULO 9

Contentamiento

No que haya pasado necesidad alguna vez, porque he aprendido a estar contento con lo que tengo.

FILIPENSES 4:11

El contentamiento cristiano es esa disposición del espíritu dulce, interna, quieta y afable, que voluntariamente se somete y se deleita en la decisión sabia y paternal de Dios en cada condición.[1]

JEREMIAH BURROUGHS

Jeremiah Burroughs, un famoso predicador puritano inglés, escribió la definición anterior de contentamiento en 1648. En su excelente libro: *The Rare Jewel of Christian Contentment* [La inusual joya del contentamiento cristiano], Burroughs declaró una profunda verdad: «Cuando un cristiano se contenta de la manera adecuada, la quietud proviene más del temperamento y la disposición del corazón que de todo argumento externo o posesión de alguna cosa en el mundo».[2] Warren Wiersbe hizo este comentario: «La palabra *contentamiento* significa "una suficiencia interna que nos mantiene en paz a pesar de las circunstancias externas"».[3]

Fue esa «afable disposición de espíritu» de Pablo lo que le permitió escribir: «He aprendido a estar contento cualquiera que sean mis circunstancias. Estoy feliz con poco como con mucho, con mucho como con poco» (Filipenses 4:12, MSG). Entender que las personas, las cosas o las circunstancias no determinan nuestro contentamiento es un don invaluable para nuestras almas. Saber que el factor determinante de nuestro contentamiento es la disposición de nuestros corazones nos libera de la competencia, la comparación y la insatisfacción. Pero esta perspectiva dulce y afable es algo que debemos aprender.

Con seguridad, una forma esencial de aprender esta lección es creer y permitir que Dios sea suficiente para nosotras. Porque Él es nuestro Pastor quien provee todo lo que necesitamos, y si Él nos da todas las cosas gratuitamente y para nuestro bien, entonces solo nos queda estar contentas.

Aprender el contentamiento

1. Parte del aprendizaje sobre cualquier asunto es tomar tiempo para descubrir los principios subyacentes que apoyan el tema escogido. Al considerar estos versículos, escribe las verdades fundamentales que son necesarias para adquirir contentamiento.

   Filipenses 4:11-13

   Colosenses 3:5

   1 Timoteo 6:6-12

Hebreos 13:5

> La palabra griega para codicia *(pleonexía)* se define como «el estado en el que se desea tener más de lo que es debido», quiere decir que una persona codiciosa no está contenta con lo que Dios le ha dado, incluido Dios mismo, y, por lo tanto, está siempre buscando algo más para su satisfacción.[4]
> *Tim Challies*

2. Asaf escribió uno de mis salmos favoritos, el Salmo 73. Lee este salmo y resume este proceso de aprender a estar contenta solo con Dios.

> Pablo expresó que había *aprendido* a contentarse. Él reconocía que era su responsabilidad estar contento, y que necesitaba crecer en esa área de la vida. Él no lo puso todo en manos del Señor y confío en que Él haría toda la obra de contentarlo. Él trabajó en ello. Pero sabía que solo encontraría contentamiento a través del Señor, quien le fortalecía.[5]
> *Jerry Bridges*

3. El secreto del contentamiento de Pablo era la confianza que tenía en la suficiencia y la fuerza de Cristo para cada

circunstancia. Registra tus ideas sobre cómo el poder y la presencia de Cristo en tu vida fomenta el contentamiento.

Vivir una vida satisfecha

4. Aunque las personas y las circunstancias no determinan nuestro contentamiento, pueden constituirse lecciones desafiantes en el proceso de aprender a estar satisfechos. Responder de una manera piadosa a estas pruebas puede ser un medidor de nuestra disposición de espíritu. ¿Qué puedes aprender de estos pasajes sobre el comportamiento desfavorable de una persona descontenta?

Números 16:41-50

Proverbios 21:19

Proverbios 25:24

Filipenses 2:14

Realmente, nunca se trata de esas cosas externas, ni siquiera de esas cosas externas profundamente buenas; el contentamiento no proviene de un inventario sentimental de las bendiciones recibidas en esta vida. El bien abundante que he conocido nunca (hasta ahora) me ha dejado sin visible motivo de alegría. Y, aun así, el descontento tiene el poder de asirse e infectarme, arrastrándome a un lugar de falta de alegría y pecado, toma lo que es hermoso y hace que parezca inútil... El camino para salir del descontento no es contemplar todo lo que puede ser bueno o hermoso en mi situación. El camino hacia el contentamiento, después del arrepentimiento, es recordar quién soy en Cristo.[6]

Elisha Galotti

---

5. Pablo expresó que había aprendido a contentarse con mucho o con poco. El nivel de nuestra satisfacción no depende de la cantidad de bienes terrenales. ¿Cómo estas Escrituras te ayudan a tener la perspectiva y el uso correcto de tus posesiones?

Proverbios 15:16

Proverbios 30:7-9

1 Timoteo 6:17-19

---

6. Evelyn Underhill escribió: «Este es el secreto del gozo. Ya no tenemos que afanarnos para labrar nuestro propio camino;

sino encomendarnos, de manera simple y sencilla, al camino de Dios, aceptar Su voluntad y al hacerlo encontraremos paz».[7]

Salmo 131

Lucas 9:23-25

Si una persona es egoísta y el amor propio prevalece en su corazón, estará feliz con aquellas cosas que se ajustan a sus propios fines, pero una persona piadosa que se ha negado a sí misma se adaptará y alegrará con aquellas cosas que se ajustan a los planes de Dios. Un corazón gentil expresa: Los planes de Dios son mis planes, he renunciado a mis propios fines; así que encuentra contentamiento solo en los caminos y propósitos de Dios, y se multiplica su bienestar, mientras que el de otros disminuye.[8]

Jeremiah Burroughs

---

7. J. Hudson Taylor, uno de los primeros misioneros a la China, declaró: «Sé que Él trata conmigo solo para aumentar mi fe, y lo hace todo en amor. Por tanto, si Él es glorificado, yo estoy satisfecho».[9] Para Taylor, la gloria de Dios es un aspecto de contentamiento. Reflexiona en Juan 9:1-3 y Juan 11:1-7.

Expresa tus ideas sobre cómo desear darle la gloria a Dios puede contribuir a estar contenta con tus circunstancias.

El catecismo escocés declara que el principal propósito del ser humano es «glorificar a Dios y disfrutarlo para siempre». Pero entonces sabremos que estas cosas son lo mismo. Disfrutar a plenitud es glorificar. Al ordenarnos que lo glorifiquemos, Dios nos está invitando a disfrutarlo.[10]

C. S. Lewis

Respuestas bíblicas a la suficiencia de Dios

Cuando Dios no parece ser suficiente
Ananías

Había cierto hombre llamado Ananías quien, junto con su esposa, Safira, vendió una propiedad; y llevó solo una parte del dinero a los apóstoles pero afirmó que era la suma total de la venta. Con el consentimiento de su esposa, se quedó con el resto. Entonces Pedro le dijo: «Ananías, ¿por qué has permitido que Satanás llenara tu corazón? Le mentiste al Espíritu Santo y te quedaste con una parte del dinero. La decisión de vender o no la propiedad fue tuya. Y, después de venderla, el dinero también era tuyo para regalarlo o no. ¿Cómo pudiste hacer algo así? ¡No nos mentiste a nosotros sino a Dios!» En cuanto Ananías oyó estas palabras, cayó al suelo y murió… (Hechos 5:1-5)

Cuando Dios es suficiente
La viuda de Sarepta
El Señor le ordenó a Elías que fuera a vivir a la aldea de Sarepta, donde una viuda lo alimentaría. Cuando Elías pidió algo de comer, la viuda le respondió que solo le quedaba un puñado de harina y un poco de aceite. Se estaba preparando para cocinar una última comida para su hijo y ella, y luego esperar a morir.

> Entonces Elías le dijo: «¡No tengas miedo! Sigue adelante y has exactamente lo que acabas de decir, pero primero cocina un poco de pan para mí. Luego, con lo que te sobre, prepara la comida para ti y tu hijo. Pues el Señor, Dios de Israel dice: "Siempre habrá harina y aceite de oliva en tus recipientes, ¡hasta que el Señor mande lluvia y vuelvan a crecer los cultivos!"». Así que ella hizo lo que Elías le dijo, y ella, su familia y Elías comieron durante muchos días. Siempre había suficiente harina y aceite de oliva en los recipientes, tal como el Señor lo había prometido por medio de Elías. (1 Reyes 17:13-16)

8. El sabio griego y filósofo estoico Epicteto declaró: «Fortifícate con contentamiento, porque esta es una fortaleza inexpugnable».[11] Después de reflexionar en los pasajes anteriores, expresa tus ideas sobre la perspectiva de Epicteto de que el contentamiento es una defensa protectora en nuestras vidas.

Pensamientos y reflexiones de una mujer mayor

La definición aceptada de *contentamiento* es estar satisfecho con la situación presente. Una persona sabia amplificó el significado de contentamiento con esta declaración: *contentamiento es estar satisfecho; no satisfecho porque algo es suficiente, sino satisfecho con lo que está disponible.* Esta definición parece ser más realista, porque rara vez nos encontramos en situaciones ideales. Hebreos 13:5 confirma esta idea: «Estén contentos con lo que tienen». Estar contentos con el lugar donde estamos, quienes somos y lo que tenemos no surge de manera natural. Esta satisfacción es algo que se debe aprender, y las lecciones por lo general vienen en situaciones de prueba.

Hace poco experimenté una noche agotadora debido a un vuelo retrasado. Mi esposo y yo llegamos al aeropuerto de Denver a las 11:30 p. m. Todas las puertas estaban cerradas y los moteles llenos. Así que colocamos nuestras chaquetas en el piso del aeropuerto y tratamos de descansar. Fue una noche larga y de desvelo. (¿Quién sabía que se usaban enormes y ruidosas aspiradoras para barrer las alfombras?). Mientras yacía despierta, recordé la definición de contentamiento: estar contento con lo que hay disponible. Lo que tenía disponible era un piso alfombrado en un aeropuerto. Puesto que las circunstancias no son la medida del contentamiento, decidí calmarme y aquietarme como un niño destetado. Al aceptar este evento inesperado y no deseado, oré: «Señor, estas son mis circunstancias; no puedo cambiarlas, y esto es lo que está disponible; por tanto, decido contentarme».

En algún nivel, experimentar verdadero contentamiento por lo general implicará negarnos a nosotras mismas. Burroughs enseñó:

> La lección de la autonegación. Es una lección difícil. Sabes que cuando se enseña a un niño por primera vez, este se queja: Esto es difícil; es simplemente así. Recuerdo que el mártir Bradford expresó: «El que no ha aprendido

la lección de la cruz, no ha aprendido su ABC en el cristianismo». Aquí es donde Cristo comienza con sus estudiantes, y aquellos en la etapa más inicial deben empezar por esto; si quieres ser cristiano de veras, debes sujetarte a esto o nunca podrás ser cristiano. Así como nadie puede ser un estudiante a menos que aprenda su ABC, debes aprender la lección de la autonegación o nunca podrás convertirte en un discípulo en la escuela de Cristo, y ser enseñado en este misterio del contentamiento.[12]

Apocalipsis 1:5 nos anima: «Toda la gloria sea al que nos ama y nos ha libertado de nuestros pecados al derramar su sangre por nosotros». Enfocarse en la gracia, el amor y el sacrificio de Dios es fundamental para recibir contentamiento y nos ayuda a mirar la vida con una perspectiva eterna. Una vez más, Jeremiah Burroughs ofrece estas ideas:

> Antes, el alma buscaba esto y aquello, pero ahora dice: veo que no me es necesario ser rico, pero sí me es necesario estar en paz con Dios; no es necesario que viva una vida placentera en este mundo, pero es absolutamente necesario que obtenga el perdón por mi pecado; no es necesario que tenga honor y promoción, pero es necesario que Dios sea mi porción, y que tenga mi parte en Jesucristo, es necesario que mi alma sea salvada en el día del Señor.[13]

En esencia, el secreto del contentamiento es la cruz. Las riquezas espirituales que son nuestras en Cristo nos fortalecen y libertan para sentirnos satisfechos en el mundo, ya sea con mucho o con poco. «El que no eximió ni a su propio Hijo, sino que lo entregó por todos nosotros, ¿cómo no nos concederá también con Él todas las cosas?» (Romanos 8:32, LBLA).

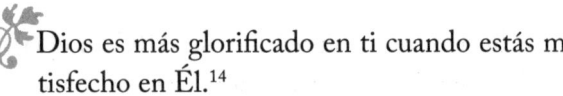Dios es más glorificado en ti cuando estás más satisfecho en Él.[14]

Samuel Storms

Reflexión y aplicación personal

Al entrar en un tiempo de contemplación, haz una oración basándote en el Salmo 73:25-26: «¿A quién tengo en el cielo sino a ti? Te deseo más que cualquier cosa en la tierra. Puede fallarme la salud y debilitarse mi espíritu, pero Dios sigue siendo la fuerza de mi corazón; Él es mío para siempre».

9. Al repasar este capítulo, señala los versículos o citas especiales que te hayan ministrado.

10. ¿Cómo defines el contentamiento en tu vida?

11. ¿Qué verdad sobresaliente sobre el contentamiento te impresionó? ¿Por qué?

12. ¿Qué aspectos de tu vida sientes que necesitas abordar para estar contenta?

13. Especifica los principios que pueden ayudarte a aprender a contentarte.

14. Define las señales o manifestaciones en tu comportamiento que pueden indicarte que estás andando en el camino hacia el descontento.

15. Concluye en oración al expresar tu deseo de destacarte como estudiante en la escuela de Cristo, sobre todo en el curso del contentamiento. Asegúrale al Señor que quieres aprender el contentamiento y que deseas deleitarte en Su disposición sabia y paternal en todas las condiciones. Pídele tener la gran riqueza que resulta de la verdadera piedad y de un corazón contento. Ora para que seas una buena mayordoma de lo que tienes. Dile al Señor que quieres que la disposición de tu corazón esté centrada en Él y que deseas depender de Sus fuerzas para enfrentar cada situación y darle la gloria. Agradécele por Su sacrificio y por las riquezas espirituales que son tuyas. Alábalo porque una de «todas las cosas» que Él tan gentilmente da es el contentamiento.

No te das cuenta de que Jesús es todo lo que necesitas hasta que Jesús es todo lo que tienes.[15]

Timothy Keller

VERSÍCULO A MEMORIZAR: FILIPENSES 4:11

CAPÍTULO 10

Humildad

Pónganse mi yugo. Déjenme enseñarles, porque yo soy humilde y tierno de corazón, y encontrarán descanso para el alma. Pues mi yugo es fácil de llevar y la carga que les doy es liviana.
MATEO 11:29-30

La mansedumbre y la humildad de corazón son las características principales por las que deben ser conocidos aquellos que siguen al Cordero de Dios.[1]

ANDREW MURRAY

Comenzamos nuestro estudio con la premisa de que la lección más grande y sublime que debemos aprender es que Dios, y solo Dios, es suficiente para todas nuestras necesidades. Cuando comprendo a cabalidad la gracia, el amor personal y el cuidado de Dios hacia mí, no puedo hacer otra cosa que postrarme en humildad ante Él. Él es nuestro Dios todopoderoso, y el resultado natural de comprender esta lección de Su suficiencia es la humilde dependencia de Él. Aceptar el yugo de Cristo es un paso crucial para dejar que Dios sea suficiente. Tomar

Su yugo significa que rendimos el control de nuestras vidas y confiamos en Él para que nos dirija y guíe; esto muestra nuestra dependencia total de Él para suplir todas nuestras necesidades. Estar ligadas al Señor nos permite llegar a ser como Él: manso y humilde.

En Mateo 11:29-30 encontramos una invitación personal de parte del Señor a unirnos a Él en Su yugo: «"Tomar un yugo" en aquella época significaba convertirse en un discípulo. Cuando nos sometemos a Cristo, estamos ligados con Él».[2] El Señor contrastó Su yugo ligero y fácil con la ley legalista y opresiva o «yugo» de los fariseos. Los fariseos, como maestros, eran duros e inflexibles, colocaban cargas pesadas de responsabilidades religiosas sobre sus discípulos; sin embargo, Jesús era manso y humilde de corazón y ofrecía descanso y una carga ligera.

Estamos familiarizadas con la definición de *humildad* que describe a alguien como «que tiene una opinión modesta de su propia importancia o rango; mansedumbre».[3] Jesús se describió a sí mismo como gentil y humilde; la versión Reina Valera 1995 de Mateo 11:29 usa: «manso y humilde de corazón». *Manso* en el griego significa benigno y gentil. Tendemos a pensar que alguien manso es alguien inseguro y pasivo. Pero Warren Wiersbe nos explica la mansedumbre de esta forma: «La mansedumbre no significa debilidad, pues tanto Moisés como Jesús fueron hombres mansos (Números 12:3; Mateo 11:29). Esta palabra traducida como "manso" era utilizada por los griegos para describir a un caballo que había sido domado. Se refiere al poder bajo control».[4]

La humildad es una dependencia gozosa de Dios para todo lo que se necesita; es una grata rendición a la voluntad de Dios; la persona humilde no tiene pretensiones, es gentil y piensa más en los demás que en sí misma. En este capítulo recordaremos las bendiciones de la humildad.

La humildad de Dios

1. Un buen maestro ejemplifica lo que enseña. Jesús se describió a sí mismo como humilde y manso. Al leer estos pasajes bíblicos, registra las formas en que Jesús demostró la humildad.

   Zacarías 9:9

   Mateo 20:28

   Juan 13:3-17

   Filipenses 2:5-8

> Si buscas un ejemplo de humildad, mira la cruz.[5]
> *Tomás de Aquino*

2. Jesús escogió a humildes pescadores para que fueran Sus principales discípulos. Eso en sí mismo testifica de la humildad de Dios. ¿Cómo confirman los siguientes versículos el amor de Dios por los humildes?

   Salmo 25:9

Isaías 57:15

Isaías 66:2

Mateo 5:5

Es interesante que Dios no escogió vivir con los sabios, los ricos o los súper fuertes. Como Dios es tan grande, pudiéramos pensar que habría disfrutado más la compañía de estas personas. En la tierra, tendemos a acercarnos a las personas que piensan como nosotros y que tienen ideas similares. Pero entonces se me ocurrió que tal vez esa es toda la razón. ¿Quién podría ser más humilde que Dios?... ¿Qué podría ser más humillante que tomar la semejanza de un simple ser humano, caminar entre nosotros con todas nuestras limitaciones y luego morir por nosotros? Por eso mora con los que saben *qué* son (corruptos hasta la médula) y *quiénes* son (seres humanos complejos creados por Él). El Libro de 1 Corintios 4:7 lo afirma claramente: «Pues, ¿qué derecho tienen a juzgar así? ¿Qué tienen que Dios no les haya dado? Y si todo lo que tienen proviene de Dios, ¿por qué se jactan como si no fuera un regalo?».[6]

Barbara Madison

3. Andrew Murray resumió la humildad de esta manera: «La humildad no es más que la desaparición del yo ante la visión de que Dios es todo».[7] Reflexiona en las preguntas anteriores y escribe un breve párrafo donde expreses tus ideas sobre por qué la humildad es tan preciada para Dios.

La enseñanza de la humildad

4. Las maneras en que Dios nos enseña a ser humildes son creativas y llenas de encomiendas sorpresivas. Al estudiar estos versículos, escribe algunas de las maneras que Dios usa para enseñarnos la humildad.

Deuteronomio 8:1-3

Mateo 18:1-4

Hebreos 5:8

No hay lección más difícil de aprender que la lección de la humildad. No se enseña en las escuelas de los hombres, solo en la escuela de Cristo. Es el más inusual de todos los dones. Rara vez encontramos a un hombre o a una mujer que siga de cerca los pasos del Maestro en mansedumbre y humildad. Creo que es la lección más difícil que

Jesucristo tuvo que enseñar a Sus discípulos mientras estaba aquí en la tierra. A primera instancia casi pareciera como si hubiera fracasado al enseñarles esta lección a los doce hombres que habían estado con Él casi ininterrumpidamente durante tres años.[8]

Dwight L. Moody

La humildad de un discípulo

5. Efesios 4:2 enseña: «Sean siempre humildes y amables». ¿Cuáles son algunas de las características esenciales de la humildad que se encuentran en estos pasajes?

Mateo 5:3

Filipenses 2:3-4

Colosenses 3:12-14

1 Pedro 3:8-9

No hay límite para lo que Dios puede hacer a través de ti, siempre y cuando no busques tu propia gloria.[9]

Anónimo

6. Juan Crisóstomo escribió: «La humildad es la raíz, la madre, la nodriza, el fundamento y el vínculo de toda virtud».[10] Proverbios 11:2 declara: «El orgullo lleva a la deshonra, pero con la humildad viene la sabiduría». ¿Qué sabiduría se puede aprender de estos versículos con respecto al «vínculo de toda virtud»?

Mateo 23:11-12

Marcos 10:35-45

1 Pedro 5:5-6

7. El camino de la humildad ha sido transitado por hombres y mujeres piadosos que estuvieron dispuestos a humillarse bajo la poderosa mano de Dios. ¿Cómo se revela su humildad en estos versículos?

Génesis 41:14-16 (José)

Éxodo 3:11; Números 12:3 (Moisés)

1 Crónicas 29:13-14 (David)

Efesios 3:8 (Pablo)

La manera correcta de humillarse no es tratar de subestimarse uno mismo. Más bien, necesito pararme derecho y firme, reconocer mis fortalezas y habilidades, pero permanecer al lado del Señor Jesús para que pueda verme con una perspectiva correcta. William Temple escribió: «La humildad no significa pensar menos de ti mismo que de otros, tampoco significa tener una baja opinión de tus propios dones. Significa tener libertad para pensar de ti mismo de una manera o de la otra». Eso es verdad, pero no nos enseña *cómo* no pensar de nosotros mismos. La respuesta es que tenemos que llenar nuestras mentes del Señor Jesús. Es la adoración la que echa fuera la arrogancia y derrama el amor.[11]

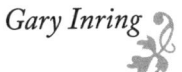

Gary Inring

Respuestas bíblicas a la suficiencia de Dios

Cuando Dios no parece ser suficiente
El rey Uzías
Uzías fue un rey de Israel. Gobernó durante 52 años e hizo lo agradable ante el Señor durante los días de Zacarías, quien le enseñó a temer a Dios. En 2 Crónicas 26:5 leemos: «Y mientras el rey buscó la dirección del Señor, Dios le dio éxito».

Pero cuando llegó a ser poderoso, Uzías también se volvió orgulloso, lo cual resultó en ruina. Pecó contra el Señor su Dios cuando entró al santuario del templo del Señor y personalmente quemó incienso sobre el altar del incienso.

Azarías, el sumo sacerdote, fue tras él junto con ochenta sacerdotes del Señor, todos ellos hombres valientes. Enfrentaron al rey Uzías y le dijeron: «No es a usted, Uzías, a quien corresponde quemar incienso al Señor. Eso es función exclusiva de los sacerdotes, los descendientes de Aarón, los cuales son apartados para este servicio. Salga del santuario porque ha pecado. ¡El Señor Dios no le honrará por esto!». Uzías, que tenía en sus manos un recipiente para quemar incienso, se puso furioso; y mientras expresaba su rabia contra los sacerdotes, ante el altar del incienso en el templo del Señor, de pronto le brotó lepra en la frente. [...]. De modo que el rey Uzías tuvo lepra hasta el día de su muerte... (2 Crónicas 26:16-21)

Cuando Dios es suficiente
Juan el Bautista

Los líderes judíos le preguntaron a Juan: «¿Quién eres?».

Juan contestó con las palabras del profeta Isaías: «Soy una voz que clama en el desierto: "¡Abran camino para la llegada del Señor!"». Entonces los fariseos que habían sido enviados le preguntaron: —Si no eres el Mesías, ni Elías, ni el Profeta, ¿con qué derecho bautizas? Juan les dijo: —Yo bautizo con agua, pero aquí mismo, en medio de la multitud, hay alguien a quien ustedes no reconocen. Aunque su servicio viene después del mío, yo ni siquiera soy digno de ser su esclavo, ni de desatar las correas de sus sandalias». (Juan 1:23-27)

Surgió un debate entre los discípulos de Juan y cierto judío acerca de la purificación ceremonial. Entonces los discípulos de Juan fueron a decirle: —Rabí, el hombre que estaba contigo al otro lado del río Jordán, a quien identificaste como el Mesías, también está bautizando a la gente. Y todos van a él en lugar de venir a nosotros. Juan respondió: —Nadie puede recibir nada a menos que Dios se lo conceda desde el cielo. Ustedes saben que les dije claramente: "Yo no soy el Mesías; estoy aquí solamente para prepararle el camino a él". Es el novio quien se casa con la novia, y el amigo del novio simplemente se alegra de poder estar al lado del novio y oír sus votos. Por lo tanto, oír que él tiene éxito me llena de alegría. Él debe tener cada vez más importancia y yo, menos. (Juan 3:25-30)

8. G. K. Chesterton declaró: «Siempre son los seguros los que son humildes».[12] ¿Cómo ves esta idea ejemplificada en las vidas del rey Uzías y Juan el Bautista?

Pensamientos y reflexiones de una mujer mayor

Me sentí desafiada por el comentario de D. L. Moody de que la humildad y la mansedumbre son poco comunes entre los discípulos de Cristo. La siguiente cita anónima me hizo sonreír: «Muchos estarían vestidos con muy poca ropa si la ropa fuera la humildad».[13] No obstante, si somos discípulos de Cristo y estamos ligados a Él, la humildad y la mansedumbre deberían ser evidentes para cada persona que conocemos. Uno de mis versículos favoritos es Filipenses 4:5: «Vuestra gentileza sea conocida de todos los hombres» (RVR1960).

Jesús enseñó: «El alumno que complete su entrenamiento se volverá como su maestro» (Lucas 6:40). Louis Evely describió de manera maravillosa la vida de un discípulo:

El cristianismo no es ni contemplación ni acción. Es participación. La contemplación mira a Dios como si fuera un objeto. Pero si participas en Dios en el sentido de que dejas que Él entre en tu ser, irás a la cruz como Él, obrarás como Él, limpiarás los zapatos, lavarás la ropa y cocinarás, todo como Él. No podrás hacerlo de otra manera porque te habrás convertido en parte de Él. Harás lo que Él ama hacer.[14]

Algunas reflexiones sobre la falsa humildad: William Law expresó: «No hay mayor señal de orgullo confirmado que pensar que eres lo suficientemente humilde».[15] Y Saint Cyran, un teólogo francés comentó: «No hay mayor orgullo que buscar humillarnos nosotros mismos más allá de los límites; y en ocasiones no hay mayor humildad que la de emprender grandes obras para Dios».[16] Finalmente, Meryl Streep declaró: «No te malcriarás si planchas tu propia ropa».[17]

La visión de Chesterton de que solo una persona segura puede ser humilde es esclarecedora. Juan el Bautista encarnó esta idea, pues él estaba seguro y confiado en su llamado y propósito en la vida. Jesús alabó y exaltó a Juan al decir a la multitud: «Les digo la verdad, de todos los que han vivido, nadie es superior a Juan el Bautista» (Mateo 11:11). Alguien comentó: «La humildad es la aceptación del lugar designado por Dios, ya sea al frente o donde nadie nos ve».[18]

En 1998 asistí a una convención de la Asociación Cristiana de Vendedores de Libros. Ese año, el estudio *Cómo ser una mujer de excelencia* estuvo entre los diez libros más vendidos. Me dijeron que se estaba escribiendo un artículo sobre los autores de estos libros, y que me iban a entrevistar en algún momento. Al sentarme con la reportera me preguntó: «Bien, ¿cuál es el título de tu libro?». Lo primero que respondí fue: «Bueno, en realidad no es un libro, es un estudio bíblico». Me miró y contestó: «Bien, si no es un libro, no necesito entrevistarte». Se levantó de su asiento y se fue con prontitud.

Este evento dejó una huella indeleble en mi alma. Era la lección de Dios para que yo mantuviera una perspectiva correcta sobre mis escritos y cualquier alabanza que pudiera recibir. La humildad es la aceptación del lugar designado por Dios para nosotros, así que, estoy muy agradecida de que, desde el comienzo de mi carrera literaria, tuve esta experiencia para evitar pensar de mí más de lo que debía. Pablo advirtió a la iglesia de Corinto: «Ninguno se crea mejor de lo que realmente es. Sean realistas al evaluarse a ustedes mismos, háganlo según la medida de fe que Dios les haya dado» (Romanos 12:3).

Miro hacia atrás en mi vida y puedo ver la mano y el propósito de Dios en las incontables lecciones «para producir mansedumbre» que me ha dado y que continúo recibiendo. Sin embargo, sin Su yugo, temo que sería propensa a tener ideas exageradas sobre mí.

Estar ligada a Cristo es una bella imagen de humilde dependencia, intimidad y autonegación. Conectadas a Cristo, perdemos todo sentido de identidad y solo deseamos conocerlo a Él y hacer Su voluntad. El ego ya no tiene el control, ya no busca prestigio, aprobación, bienestar o posesiones. Ya no está a la defensiva. Nuestro ser se vuelve enseñable, gentil y piensa en los demás. Al fin estamos seguras. Nuestra fuerza está bajo el control de Cristo y comenzamos una vida emocionante donde somos continuamente transformadas a Su imagen. El yugo de Cristo ofrece libertad; libertad para descansar en quienes somos, de quién somos y dónde estamos, ya sea al frente o donde nadie nos ve, pues no importa nuestra suerte, Dios es suficiente.

Me sentí profundamente conmovida cuando escuché sobre una clase de graduandos que escogió al empleado de limpieza de su escuela secundaria cristiana para ser el orador de la ceremonia de graduación. Pensé que este querido y humilde hombre debió haberse hecho amigo y servido a estos estudiantes de una manera callada pero impactante. Al parecer, era evidente que estaba ligado a Cristo, pues ejemplificaba las características principales por las que deben ser conocidos aquellos que siguen al Cordero de Dios: mansedumbre y humildad de corazón.

Reflexión y aplicación personal

Comienza a hacer una oración basándote en Salmos 62:1-2: «Espero en silencio delante de Dios, porque de él proviene mi victoria. Solo él es mi roca y mi salvación, mi fortaleza donde jamás seré sacudido».

9. Repasa este capítulo y toma nota de los versículos o ideas que llamaron tu atención.

10. ¿Cuál es tu perspectiva sobre la humildad como la raíz y el fundamento de todas las demás virtudes?

11. ¿Cuáles son algunas de las maneras en que Dios te ha enseñado la humildad en el pasado?

12. Escribe tu idea definitoria de la humildad. ¿Por qué se destacó para ti este aspecto de la humildad?

13. ¿Qué significa para ti «tomar» el yugo de Cristo?

14. ¿Qué pasos prácticos puedes dar para asegurar que continúes creciendo en humildad?

15. Para concluir, escribe una oración donde expreses tu deseo de tener humildad y mansedumbre como las señales principales de tu carácter. Exponle tu deseo de ser totalmente dependiente de Él y de aceptar Su yugo con alegría. Alábalo por Su mansedumbre y humildad y por Su amor por aquellos que son contritos y humillados. Ora para ser firme y pronto estar completamente entrenada para ser como tu Maestro.

Te recomendaré la humildad como algo muy apropiado, que debe ser el sujeto constante de tus devociones, deseo sinceramente que pienses que no hay día seguro ni que puede terminar bien, si no has clamado a Dios para que te guíe, en el ejercicio de un espíritu manso y humilde.[19]

William Law

VERSÍCULO A MEMORIZAR: MATEO 11:29-30

CAPÍTULO 11

COMUNIÓN DIVINA

Por lo tanto, de la manera que recibieron a Cristo Jesús como Señor, ahora deben seguir sus pasos. Arráiguense profundamente en Él y edifiquen toda la vida sobre Él. Entonces la fe de ustedes se fortalecerá en la verdad que se les enseñó, y rebosarán de gratitud.
COLOSENSES 2:6-7

El gozo es la señal de que Dios es todo para ti.[1]
ANDREW MURRAY

Cuando Dios es suficiente para nosotras, una de las bendiciones significativas que experimentamos es el gozo de tener comunión personal con nuestro Señor. Aprender del gran amor y sacrificio de Dios a nuestro favor debería producir en nosotras un deseo ardiente de crecer en nuestra relación con Él. Si estamos ligadas a Cristo, nuestros corazones deben estar llenos del gozo de la preciosa comunión con Él día tras día. Pablo, al comprender la gracia y la plenitud de Cristo, declaró: «Todo lo demás no vale nada cuando se le compara con el infinito valor de conocer a Cristo Jesús, mi Señor» (Filipenses 3:8). Nuestro último capítulo en este estudio está destinado a alentarnos y fortalecernos para mantener celosamente nuestro caminar con el Señor. Debemos dejar que nuestras raíces crezcan y se profundicen en Cristo. Charles Spurgeon hizo esta pregunta apremiante sobre nuestra relación con el Señor: «¿Por qué cada año no debería ser más rico que el anterior en amor, servicio y gozo, puesto que estoy más cerca de las alturas celestiales, tengo más experiencia con mi Señor, y debería ser más como Él?».[2]

De hecho, ¿por qué no? Dios es el gran Dador de todas las cosas, y nosotras, como Sus hijas agradecidas, debemos inclinarnos con humildad ante nuestro bendito Señor y adorarlo. Andrew Murray escribió:

> Se necesita tiempo y una profunda reverencia y adoración para comprender a plenitud que Aquel que habita en la gloria del Padre, ante quien se inclinan y se postran los cielos en adoración, es el mismo que se ofrece a ser mi compañero, guiarme como un pastor, quien cuida de cada oveja de manera individual, y así hacerme uno de los que siguen al Cordero donde quiera que va.[3]

Participar en la relación divina

1. Pablo le recordó a la iglesia de Corinto: «Fiel es Dios, por medio de quien fueron llamados a la comunión con Su Hijo Jesucristo, nuestro Señor» (1 Corintios 1:9, NBLA). Andrew Murray señaló que el Señor ofrece ser nuestro compañero. ¿Cómo te alientan los siguientes versículos a profundizar en tu relación con el Señor?

   Salmo 27:8

Salmo 84:1-4, 10-12

Juan 15:5

---

2. La Biblia describe algunos encuentros con Dios excepcionales, milagrosos y que cambian la vida. El propósito de leer estos pasajes no es pensar que debemos experimentar a Dios de la misma manera, sino asegurarnos de que Dios nos habla por medio de Su Espíritu y Su Palabra. Nuestra parte es estar en sintonía para escucharlo. Describe cómo estos encuentros te bendicen y te animan a participar en tu relación divina con el Señor.

Génesis 17:1-6

Génesis 32:22-28

Éxodo 3:1-6

Josué 5:13-15

Más que cualquier otra cosa, Jacob quería la bendición del Señor en su vida, y por este deseo santo, él es reconocido. Pero antes de poder comenzar a ser como el Señor, tenemos que enfrentarnos a nosotros mismos y admitir que estamos en nosotros mismos. Es por eso que el Señor le preguntó: «¿Cuál es tu nombre?». En lo que respecta al registro de Génesis, la última vez que a Jacob le habían hecho esa pregunta, había respondido con una mentira: «"¿Quién *eres*, hijo mío?". Y Jacob dijo a su padre: "Yo *soy* Esaú tu primogénito"» (27:18-19, RVR1960). El Señor no le hizo la pregunta para obtener información, porque, en efecto, Él conocía el nombre de Jacob y que tenía la reputación de ser calculador y engañador. «¿Cuál es tu nombre?» significaba: «¿Continuarás viviendo según tu nombre, engañándote a ti y a otros, o admitirás lo que eres y dejarás que Yo te cambie?». En la Biblia, recibir un nombre nuevo significa que tienes un nuevo comienzo y esta fue la oportunidad de Jacob de empezar de nuevo en la vida.⁴

Warren Wiersbe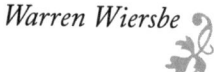

---

3. Isaías escribió estas palabras convincentes: «Así que el Señor esperará a que ustedes acudan a Él para mostrarles su amor y su compasión...» (Isaías 30:18). Es nuestra responsabilidad dar pasos para tener intimidad con el Señor. ¿Qué puedes descubrir de estos versículos sobre lo que podría obstaculizar tu crecimiento y tiempo con Dios?

Marcos 4:18-19

1 Corintios 3:1-3

Hebreos 5:12-14

4. Oswald Chambers comentó: «Es un gozo para Jesús cuando un discípulo toma tiempo para acercarse de manera más íntima a Él».[5] Expresa tus ideas sobre el deseo de Dios de tener una relación contigo y qué pasos puedes dar para tener una fe más fuerte y una vida edificada en Él.

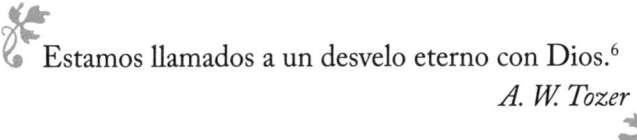

Estamos llamados a un desvelo eterno con Dios.[6]

A. W. Tozer

Cultivar la relación divina

5. William Howells nos recuerda: «No te contentes con nada en la superficie de la verdad divina; hazla parte de ti; *sumérgete* en ella».[7] Registra lo más destacado de las oraciones sinceras pidiendo intimidad que se encuentran en estos pasajes.

Éxodo 33:13 (Moisés)

Salmo 63:1

Salmo 90:14

Salmo 119:33-40

El ser humano necesita estar a solas con Dios. Sin esto, Dios no puede tener la oportunidad de resplandecer en su corazón, transformar su naturaleza por medio de Su obra divina, tomar posesión y llenarlo con la plenitud de Dios.[8]

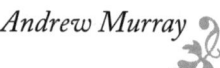
Andrew Murray

---

6. La Palabra y la oración son indispensables para establecer raíces firmes y profundas en Cristo. ¿Qué puedes aprender de estos pasajes sobre pasar tiempo con Dios?

Deuteronomio 17:18-20 (¡pautas no solo para un rey!)

Esdras 7:10

Mateo 6:6

Querido hijo de Dios, nunca digamos: «No tengo tiempo para Dios». Deja que el Espíritu Santo nos enseñe que el tiempo del día más importante, el más bendecido, el más aprovechado es el que pasamos a solas con Dios. Ora al Señor Jesús, quien, en Su vida terrenal experimentó la necesidad de orar; ora al Espíritu Santo, quien pondrá en nosotros esta verdad divina. Tan indispensable para mí como el pan que como, y el aire que respiro, es la comunión con Dios por medio de Su Palabra y la oración. Aunque otras cosas queden por hacerse, Dios tiene el primer y principal derecho a mi tiempo. Solo así, mi rendición a Dios será total y sin reservas.[9]

Andrew Murray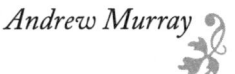

---

7. Entre las incontables bendiciones de la comunión divina está la verdad de que Él nunca nos deja ni nos desampara. «Los idiomas… han creado la palabra "abandono" para expresar el dolor de estar solos. Y crearon la palabra "soledad" para expresar la gloria de estar solos».[10] Crecer en intimidad con Cristo nos permite discernir la diferencia entre abandono y soledad. ¿Cómo estos pasajes escogidos te animan a manejar los momentos de abandono?

Salmo 61:1-5

Salmo 68:3-6

2 Timoteo 4:16-18

Porque esta soledad, este lugar en nuestros corazones que ningún otro ser humano puede tocar, es el lugar reservado solo para Dios, el lugar que solo Él puede llenar. Ningún ser humano puede amarnos como Dios lo hace. Ninguna otra persona puede hablarnos desde el fondo de nuestros corazones como el Espíritu Santo. Nadie más puede sondear el misterio de nuestro carácter y discernir nuestras necesidades y dones peculiares tan claramente como nosotros mismos, a la luz del Espíritu. En consecuencia, todos debemos descubrir lo que significa no tener otro consuelo excepto el que nosotros mismos podemos sacar de nuestro Dios en la privacidad solitaria de nuestras propias oraciones.[11]

Mike Mason

Respuestas bíblicas a la suficiencia de Dios

Cuando Dios no parece ser suficiente
El joven rico

Cuando Jesús estaba por emprender su camino a Jerusalén, un hombre se le acercó corriendo, se arrodilló y le preguntó:
—Maestro bueno, ¿qué debo hacer para heredar la vida eterna?
—¿Por qué me llamas bueno? —preguntó Jesús—. Solo Dios es verdaderamente bueno; pero para contestar a tu pregunta, tú conoces los mandamientos: "No cometas asesinato; no cometas adulterio; no robes; no des falso testimonio; no estafes a nadie; honra a tu padre y a tu madre".

—Maestro —respondió el hombre—, he obedecido todos esos mandamientos desde que era joven.

Jesús miró al hombre y sintió profundo amor por él.

—Hay una cosa que todavía no has hecho —le dijo—. Anda y vende todas tus posesiones y entrega el dinero a los pobres, y tendrás tesoro en el cielo. Después ven y sígueme.

Al oír esto, el hombre puso cara larga y se fue triste porque tenía muchas posesiones. (Marcos 10:17-22)

Cuando Dios es suficiente
María de Betania

Durante el viaje a Jerusalén, Jesús y sus discípulos llegaron a cierta aldea donde una mujer llamada Marta los recibió en su casa. Su hermana María se sentó a los pies del Señor a escuchar sus enseñanzas, pero Marta estaba distraída con los preparativos para la gran cena. Entonces se acercó a Jesús y le dijo:

—Maestro, ¿no te parece injusto que mi hermana esté aquí sentada mientras yo hago todo el trabajo? Dile que venga a ayudarme.

El Señor le dijo:

—Mi apreciada Marta, ¡estás preocupada y tan inquieta con todos los detalles! Hay una sola cosa por la que vale la pena preocuparse. María la ha descubierto, y nadie se la quitará. (Lucas 10:38-42)

---

8. Por supuesto, el mandato de Cristo al joven rico no tiene que aplicarse a todos. Este joven tenía una visión superficial de Jesús y un enfoque de buenas obras para obtener la salvación.

Sin embargo, él dejó que la semilla de la Palabra de Dios cayera entre espinos, y permitió que el atractivo de las riquezas y el deseo de otras cosas le impidieran seguir al Señor. ¿Qué puedes aprender del joven rico y de María de Betania sobre la importancia de escoger enfocar tu corazón completamente en Cristo para seguirlo?

Pensamientos y reflexiones de una mujer mayor

Ciertamente, uno de los descubrimientos cumbre, la lección más grande y sublime que el alma tiene que aprender, es conocer que Dios es suficiente. Hemos estudiado esta lección en la escuela de Cristo estas últimas semanas, y hemos aprendido la plenitud y la suficiencia de nuestro Dios todopoderoso que ama, sacrifica, da y desea ser preeminente en nuestras vidas. Ya no tenemos que buscar realización, ni vivir con miedo. Tenemos un Pastor que amablemente cubre todas nuestras necesidades y nos guía de manera individual por el mejor camino. Estamos seguras y en paz de que Dios siempre obra a nuestro favor para conformarnos a la imagen de Cristo.

Producto a la suficiencia amable y sabia de Dios, ya no somos tentadas a encontrar satisfacción en dioses falsos que ofrecen gratificación momentánea y nos dejan vacías y en busca de más. Somos liberadas de la arrogancia de vivir de forma independiente, llevando siempre el peso de protegernos y proveer para nosotras mismas, creyendo que sabemos lo que es mejor. Estamos atrapadas en el gran «Yo Soy» y sentimos la paz de que los caminos de Dios son correctos y buenos, incluso cuando Él no es el Dios que quisiéramos que fuera. Estamos convencidas del amor y la fidelidad de Dios al enviar a su Hijo a morir por nosotras. Nos aferramos a la gran verdad de la redención y vivimos por fe en medio de las tormentas que nos asaltan, sabiendo que Dios nunca nos deja ni nos desampara.

Vivimos expectantes, buscando la voluntad de Dios para cada día, sabiendo que Él nos guiará en el camino que le dará gloria. Experimentamos la inusual joya del contentamiento porque Dios es un Padre sabio y amoroso que nos ofrece «una suficiencia interna que nos mantiene en paz a pesar de nuestras circunstancias externas».[12] Con humildad tomamos el yugo de Cristo para ser como Él. Consideramos un alto privilegio sacrificar nuestro tiempo, servicio y demandas del mundo para profundizar nuestra comunión con el Señor.

Dios es *El Shaddai*, el Dios todopoderoso. Como nuestro Emanuel Creador-Redentor, ha demostrado que está a nuestro favor por Su amor infalible y participación personal en nuestras vidas. Su gracia y presencia son suficientes para toda necesidad, prueba, circunstancia, enfermedad, herida, momento. Él es el Único constante, fiel y capaz de rescatarnos y redimirnos de nuestro sufrimiento. Él desea relación e intimidad con Sus hijos. Él es el Dios todo suficiente, todo poderoso, todo amor, todo soberano, y quiere demostrarnos que en verdad Él es suficiente. «Si Dios no se guardó ni a su propio Hijo, sino que lo entregó por todos nosotros, ¿no nos dará también todo lo demás?» (Romanos 8:32).

Annie Johnson Flint escribió el himno «Él da más gracia». Aquí está el coro:

> Su amor no tiene límites,
> Su gracia no tiene medida,
> Su poder no tiene fronteras conocidas por los hombres;
> Pues de Sus riquezas infinitas en Jesús,
> ¡Él da, y da y vuelve a dar![13]

Qué bendición ser una hija de Dios y poder recibir continuamente Su amor ilimitado, Su gracia inmensurable, Su poder infinito y Sus riquezas insondables. Confía y descansa en la suficiencia de Dios. Toma Su yugo. Vístete de humildad. Dispón tu corazón para aprender el contentamiento. Deja que tus raíces profundicen en el Señor. Mantén tu mano en la Suya y continúa tu jornada con gran gozo porque has hecho el descubrimiento cumbre de que Dios, y solo Dios, es suficiente.

Reflexión y aplicación personal

Aquieta tu corazón y enfoca tus pensamientos en el Señor al orar estos versículos:

> Tu amor inagotable es mejor que la vida misma,
> ¡cuánto te alabo!
> Te alabaré mientras viva, a ti levantaré mis manos en oración.
> Tú me satisfaces más que un suculento banquete;
> te alabaré con cánticos de alegría. (Salmos 63:3-5)

9. Toma tiempo para repasar tus reflexiones personales de cada capítulo. Anota las verdades significativas que quedaron impresas en tu corazón.

10. Resume lo que este estudio ha significado para ti y cómo esperas que cambie tu vida.

11. Al revisar tus verdades, escribe al menos dos o tres por las que sientes que el Señor quiere que ores y que las apliques en tu vida. Escribe algunas formas en que puedes implementar estas verdades en tu vida.

12. ¿Cómo describirías a una mujer que sabe que Dios es suficiente?

13. Colosenses 2:7 declara que, como resultado de la verdad que te ha sido enseñada, «rebosarás de gratitud». Al reflexionar en este estudio, expresa tu agradecimiento a Dios por todo lo que te ha enseñado.

14. Concluye tu tiempo con el Señor haciéndole saber tu deseo de ser una mujer de Él, que testifique con su vida que Él es suficiente. Hazle saber tu compromiso de permanecer unida a Cristo y de tu resolución a profundizar tu intimidad con Él. Pídele que guarde tu corazón, aumente tu fe y te moldee a la imagen de Cristo. Humildemente inclínate ante Él y alábalo porque todos Sus tratos son para enseñarte que Él es suficiente. Alábalo por no escatimar a Su propio Hijo, sino por entregarlo por ti y por Su continua gracia al darte todas las cosas. Tómate el tiempo suficiente hasta que llegues a

tener la plena conciencia de una fe segura en que, como Dios todopoderoso, Cristo obrará por ti, en ti y a través de ti todo lo que Dios desea y todo lo que puedas necesitar.

Todo temor no es más que la noción de que el amor de Dios se acaba. ¿Crees que yo termino, que mis almacenes de pan son limitados, que no seré suficiente? Pero Yo soy infinito, mi hijo. ¿Qué puede acabar en mí? ¿Puede la vida terminar en mí? ¿Puede la felicidad acabarse en mí? ¿O la paz? ¿O lo que necesites? ¿Tu Padre no te da siempre lo que necesitas? Yo soy el Pan de Vida y mi pan para ti nunca se acabará. El temor piensa que Dios es finito y cree que no habrá suficiente, y no cuenta los miles de regalos, los incontables regalos, sino que pone en el corazón la mentira de que hay que temer. En Mí, las bendiciones nunca acaban porque Mi amor por ti nunca termina. Hijo, si mis bondades hacia ti terminaran, dejaría de existir. Mientras haya un Dios en el cielo, habrá gracia en la tierra, y yo soy el Dios que derrama incontenible amor y gracia para siempre.[14]

Ann Voskamp

VERSÍCULO A MEMORIZAR: COLOSENSES 2:6-7

Padre e hija

El padre habló:
¿Mi hija?
Sí, padre. Estoy aquí, pero tengo poco que decir.
¿Te sientes feliz de estar en mi presencia?
Sí. Estoy feliz de esperar en quietud delante de ti, pues sé que solo tú eres mi roca y mi salvación.
¿Qué ha cambiado?
Un entendimiento más profundo de quién eres.
Una nueva apreciación de cuánto estás a mi favor.
Un reconocimiento más claro de tu compromiso personal para darme lo mejor en vista a la eternidad.
¿En qué medida este conocimiento te cambiará?
Pienso que tomará algún tiempo, pero tengo una confianza y una paz que no había sentido antes. Creo que por fin sé que el verdadero descanso y la plenitud solo se pueden encontrar en ti y solo en ti.
¿Confías ahora en mí por quien soy?
Sí, ya no quiero dudar o cuestionar tu voluntad para mí, ni buscar satisfacción fuera de ti. Decido voluntariamente tomar tu yugo y confío en ti para que escojas por mí y proveas para mis necesidades.
¿Y qué deseas?
Deseo estar profundamente arraigada en ti, experimentar las riquezas de tu comunión divina, y crecer en fe y conformidad a Cristo, de manera que mi vida refleje que solo tú eres suficiente para mí.
Mi hija, has hablado bien. Tus palabras me dan mucho gozo. Ten la seguridad de mi presencia y provisión eterna para todo lo que necesites. Ahora sabes que soy tu Jehová-jireh, que siempre seré suficiente para ti.

Notas

Capítulo 1: Dios, el Creador y el Dador de todas las cosas
1. Hannah Whitall Smith, *The God of All Comfort* (Chicago: Moody, 1956), p. 241.
2. Blaise Pascal, en *Pensés*: http://christian-quotes.ochristian.com/Blaise-Pascal-Quotes/page-4.shtml
3. John Baillie, *A Diary of Private Prayer* (Nueva York, NY: Scribner, 1949), p. 57.
4. Mike Mason, *The Gospel According to Job* (Wheaton, IL: Crossway, 1994), p. 392.
5. Allen P. Ross, en *The Bible Knowledge Commentary: Old Testament*, eds. John F. Walvoord y Roy B. Zuck (Wheaton, IL: Victor, 1985), p. 29.
6. Augustine, en *The Treasury of Christian Spiritual Classics*, introducción por Timothy P. Weber (Nashville, TN: Nelson, 1994), p. 11.
7. S. R. Aldridge, en *The Pulpit Commentary*, eds. H. D. M. Spence y Joseph S. Exell, vol. 18, Romans (Peabody, MA: Hendrickson, n.d.), p. 253.
8. Charles H. Spurgeon, *Morning and Evening: An Updated Edition of the Classic Devotional in Today's Language*, ed. Roy H. Clarke (Nashville, TN: Nelson, 1994), October 16, evening.
9. Warren W. Wiersbe, *The Wiersbe Bible Commentary: Old Testament* (Colorado Springs, CO: Cook Communications, 2007), p. 27.
10. Reinhold Niebuhr, en *A Praying Life* por Paul E. Miller (Colorado Springs, CO: NavPress, 2009), p. 125.
11. A. W. Tozer, *The Pursuit of God* (ReadAClassic.com, 2012), p. 41.
12. Julian de Norwich, en *Prayers Across the Centuries* (Wheaton, IL: Harold Shaw, 1993), p. 80.
13. Charles H. Brent, en *The Pursuit of God: A 31-Day Experience* por A. W. Tozer, comp. Edythe Draper (Camp Hill, PA: WingSpread Publishers, 1995), p. 107.
14. D. Martyn Lloyd-Jones, *The All-Sufficient God* (Carlisle, PA: Banner of Truth Trust, 2005), p. 70.

Capítulo 2: Dios, nuestro pastor todo suficiente

1. David H. Roper, en *Folk Psalms of Faith* por Ray C. Stedman (Glendale, CA: G/L Publications, 1973), p. 80.
2. Phillip Keller, *A Shepherd Looks at Psalm 23* (Grand Rapids, MI: Zondervan, 1970), p. 17.
3. Hannah Whitall Smith, *The God of All Comfort* (Chicago: Moody, 1956), p. 80.
4. Robert Jamieson, A. R. Fausset y David Brown, *Commentary Practical and Explanatory on the Whole Bible* (Grand Rapids, MI: Zondervan, 1961), p. 1312.
5. C. S. Lewis, en *The Pursuit of God: A 31-Day Experience* por A. W. Tozer, comp. Edythe Draper (Camp Hill, PA: WingSpread Publishers, 1995), p. 106.
6. W. F. Adeney, en *The Pulpit Commentary*, eds. H. D. M. Spence y Joseph S. Exell, vol. 20, Philippians (Peabody, MA: Hendrickson, 1985), pp. 198-199.
7. Matthew Henry, *Matthew Henry's Commentary on the Whole Bible*, vol. 3 (Peabody, MA: Hendrickson, 1985), p. 560.
8. Charles H. Spurgeon, *The Treasury of David*, vol. 1, parte 2 (McLean, VA: MacDonald Publishing, n.d.), p. 171.
9. C. S. Lewis, *Letters to Malcolm: Chiefly on Prayer* (Nueva York, NY: Harcourt, 1964), p. 28.
10. Spurgeon, *The Treasury of David*, vol. 2, p. 446.
11. Charles H. Spurgeon, *The Power of Prayer in a Believer's Life*, ed. Robert Hall (Lynnwood, WA: Emerald Books, 1993), pp. 109-110.
12. Annie Dillard, en *The Westminster Collection of Christian Quotations*, comp. Martin H. Manser (Louisville, KY: Westminster, 2001), p. 295.
13. Spurgeon, *The Treasury of David*, vol. 1, Salmos 23, p. 354.

Capítulo 3: Dios, quien está a nuestro favor y no contra nosotras

1. Matthew Henry, *Matthew Henry's Commentary on the Whole Bible*, vol. 6, Romanos (Peabody, MA: Hendrickson, 1985), p. 425.
2. Warren W. Wiersbe, *The Wiersbe Bible Commentary: New Testament* (Colorado Springs, CO: Cook Communications, 2007), p. 431.
3. Robert L. Saucy, en *The Portable Seminary*, ed. David Horton (Bloomington, MN: Bethany, 2006), p. 93.
4. Wayne Grudem, *Systematic Theology: An Introduction to Biblical Doctrine* (Grand Rapids, MI: Zondervan, 1994), pp. 255-256.
5. Saucy, p. 90.

6. A. W. Tozer, *The Knowledge of the Holy* (Nueva York, NY: Harper & Row, 1961), p. 42.
7. Oswald Chambers, *My Utmost for His Highest* (Westwood, NJ: Barbour y Co., 1935), junio 9.
8. Andrew Murray, *Power in Prayer* (Minneapolis, MN: Bethany, 2011), p. 18.
9. Timothy Keller, *The Reason for God* (Nueva York, NY: Dutton, 2008), p. 197.
10. Wiersbe, p. 431.
11. Philip Yancey, *Disappointment with God* (Grand Rapids, MI: Zondervan, 2009), p. 186.
12. Andrew Murray, *Daily Secrets of Christian Living*, comp. Al Bryant (Minneapolis, MN: Bethany, 1978), marzo 11.
13. Carlo Corretto, en *A Guide to Prayer for Ministers and Other Servants* por Reuben P. Job y Norman Sawchuck (Nashville, TN: Upper Room Publishers, 1983), p. 15.

Capítulo 4: Buscar satisfacción en los ídolos
1. Timothy Keller, *Counterfeit Gods* (Nueva York, NY: Riverhead Books, 2009), p. xix.
2. John Phillips, The John Phillips Commentary Series: *Exploring the Epistles of John* (Grand Rapids, MI: Kregel, 2003), p. 185.
3. Augustine, en *The Treasury of Christian Spiritual Classics*, Introducción por Timothy P. Weber (Nashville, TN: Nelson, 1994), p. 11.
4. George Rawlinson, en *The Pulpit Commentary*, eds. H. D. M. Spence y Joseph S. Exell, vol. 1, Exodus, vol. 2 (Peabody, MA: Hendrickson, 1985), p. 131.
5. Warren W. Wiersbe, *The Wiersbe Bible Commentary: Old Testament* (Colorado Springs, CO: Cook Communications, 2007), p. 1110.
6. Eugene Peterson, Introduction to Ecclesiastes en *The Message* (Colorado Springs, CO: NavPress, 2005), p. 882.
7. Keller, 23.
8. Keller, xx.
9. Warren W. Wiersbe, *The Wiersbe Bible Commentary: New Testament* (Colorado Springs, CO: Cook Communications, 2007), p. 59.
10. Charles H. Spurgeon, *Morning and Evening: An Updated Edition of the Classic Devotional in Today's Language*, ed. Roy H. Clarke (Nashville, TN: Nelson, 1994), March 7, evening.
11. John Phillips, *The John Phillips Commentary Series: Exploring Colossians & Philemon* (Grand Rapids, MI: Kregel, 2002), p. 119.

12. D. Young, en *The Pulpit Commentary*, eds. H. D. M. Spence y Joseph S. Exell, vol. 1, Exodus, vol. 2 (Peabody, MA: Hendrickson, 1985), p. 146.
13. Keller, 20.
14. John Wesley, in *The Westminster Collection of Christian Quotations*, comp. Martin H. Manser (Louisville, KY: Westminster, 2001), p. 186.
15. George Mueller, en *Streams in the Desert* por L. B. Cowman (Grand Rapids, MI: Zondervan, 1997), p. 277.

Capítulo 5: Estar satisfecha contigo misma
1. T. E. Brown, en *Our Ultimate Refuge* por Oswald Chambers (Grand Rapids, MI: Discovery House, 2006), p. 41.
2. Oswald Chambers, *My Utmost for His Highest* (Westwood, NJ: Barbour and Co., 1935), June 12.
3. Chambers, November 28.
4. Lawrence O. Richards, *Expository Dictionary of Bible Words* (Grand Rapids, MI: Zondervan, 1985), p. 76.
5. Beth Moore, *Praying God's Word* (Nashville, TN: Broadman, Holman; 2000), p. 57.
6. Timothy Keller, *Counterfeit Gods* (Nueva York, NY: Riverhead Books, 2009), p. 88.
7. Keller, 88-89.
8. Charles H. Spurgeon, *Morning and Evening: An Updated Edition of the Classic Devotional in Today's Language*, ed. Roy H. Clarke (Nashville, TN: Nelson, 1994), June 3, evening.
9. John Stott, *The Radical Disciple* (Nottingham, England: InterVarsity, 2010), p. 27.
10. Oliver Wendell Holmes Jr., en *Never Scratch a Tiger with a Short Stick*, comp. Gordon S. Jackson (Colorado Springs, CO: NavPress, 2003), p. 86.
11. J. Marshall Lang, en *The Pulpit Commentary*, eds. H. D. M. Spence y Joseph S. Exell, vol. 16, Luke (Peabody, MA: Hendrickson, 1985), p. 117.
12. Andrew Murray, *Humility* (Minneapolis, MN: Bethany House, 2001), pp. 16-17.
13. C. S. Lewis, *Mere Christianity* (San Francisco, CA: HarperSanFrancisco, 1980), p. 125.
14. Chambers, June 17.

Capítulo 6: Sentirse ofendida
1. B. C. Caffin, en *The Pulpit Commentary*, eds. H. D. M. Spence y Joseph S. Exell, vol. 15, Matthew (Peabody, MA: Hendrickson, 1985), p. 453.
2. Albert Barnes, *Barnes' Notes: Notes on the New Testament*, ed. Robert Frew, Matthew (Grand Rapids, MI: Baker, 1998), p. 118.
3. Henri J. M. Nouwen, *The Return of the Prodigal Son* (Nueva York, NY: Doubleday, 1994), p. 104.
4. Timothy Keller, *The Prodigal God* (Nueva York, NY: Riverhead Books, 2008), pp. 12-13.
5. Nouwen, p. 36.
6. Keller, pp. 86-87.
7. Keller, xvii.
8. Oswald Chambers, *My Utmost for His Highest* (Grand Rapids, MI: Discovery House, 1992), October 5.
9. Erwin W. Lutzer, *Where Was God?* (Carol Stream, IL: Tyndale, 2006), p. 39.
10. Philip Yancey, *Disappointment with God* (Grand Rapids, MI: Zondervan, 1988), p. 115.
11. Elisabeth Elliot, *These Strange Ashes* (Ann Arbor, MI: Servant, 1998), pp. 125-126.
12. Elliot, p. 127.
13. Chambers, Marzo 15.
14. Randy Alcorn, "The Sentence Against God," *Eternal Perspective Ministries* (blog), 22 de marzo del 2013: www.epm.org./blog/2013/Mar/22/sentence
15. Mike Mason, The Gospel According to Job (Wheaton, IL: Crossway, 1994), p. 388.
16. W. Clarkson, en *The Pulpit Commentary*, eds. H. D. M. Spence y Joseph S. Exell, vol. 16, Luke (Peabody, MA: Hendrickson, 1985), p. 56.

Capítulo 7: Tener poca fe
1. Mike Mason, *The Gospel According to Job* (Wheaton, IL: Crossway, 1994), pp. 69-70.
2. B. C. Caffin, en *The Pulpit Commentary*, eds. H. D. M. Spence y Joseph S. Exell, vol. 15, Matthew (Peabody, MA: Hendrickson, 1985), p. 336.
3. Matthew Henry, *Matthew Henry's Commentary on the Whole Bible*, vol. 5, (Peabody, MA: Hendrickson, 1985).

4. Henry Blackaby y Richard Blackaby, de *Experiencing God in How Great Is Our God* (Colorado Springs, CO: NavPress, 2011), p. 70.
5. D. Martyn Lloyd-Jones, *The All-Sufficient God* (Carlisle, PA: Banner of Truth Trust, 2005), p. 72.
6. Charles Spurgeon, thinkexist.com/quotes/Charles_H._Spurgeon.
7. Oswald Chambers, *My Utmost for His Highest* (Westwood, NJ: Barbour and Co., 1935), October 31.
8. W. Clarkson, en *The Pulpit Commentary*, eds. H. D. M. Spence y Joseph S. Exell, vol. 16, Luke (Peabody, MA: Hendrickson, 1985), p. 99.
9. C. S. Lewis, *The Problem of Pain* (Nashville, TN: Broadman, Holman; 1996), pp. 47-48.
10. Philip Yancey, *Disappointment with God* (Grand Rapids, MI: Zondervan, 2009), p. 201.
11. A. W. Tozer, *The Knowledge of the Holy* (Nueva York, NY: Harper & Row, 1961), p. 68.
12. Elisabeth Elliot, *On Asking God Why* (Old Tappan, NJ: Revell, 1989), p. 138.
13. Max Lucado, *In the Grip of Grace* (Dallas, TX: Word, 1996), p. 132.
14. From a broadsheet in the British Museum, citado en *The Treasury of David*, vol. 1, Salmos 27 (McLean, VA: MacDonald Publishing, s.f.), p. 12.
15. Oswald Chambers, *The Quotable Oswald Chambers*, comp. y ed. David McCasland (Grand Rapids, MI: Discovery House, 2008), p. 95.
16. Lewis, p. 43.

Capítulo 8: Dios escoge por ti
1. Oswald Chambers, *My Utmost for His Highest* (Westwood, NJ: Barbour and Co., 1935), May 25.
2. A. W. Tozer, *The Knowledge of the Holy* (Nueva York, NY: Harper & Row, 1961), p. 69.
3. Jim Elliot: http://www.brainyquote.com/quotes/quotes/j/jimelliot189251.html
4. Chambers, April 29.
5. Oswald Chambers, *My Utmost for His Highest: An Updated Edition in Today's Language*, ed. James Reimann (Grand Rapids, MI: Discovery House, 1992), August 5.
6. Henry Law, *Daily Prayer and Praise: The Book of Psalms Arranged for Private and Family Use*, vol. 2, (Carlisle, PA: Banner of Truth Trust, 2000), p. 260.

7. Warren W. Wiersbe, *The Wiersbe Bible Commentary: The Complete Old Testament in One Volume* (Colorado Springs, CO: Cook Communications, 2007), p. 1097.
8. Frances Ridley Havergal, en *Streams in the Desert* por L. B. Cowman (Grand Rapids, MI: Zondervan, 1997), p. 425.
9. Chambers, August 10.
10. Chambers, May 25.
11. Mike Mason, *The Gospel According to Job* (Wheaton, IL: Crossway, 1994), p. 356.
12. F. B. Meyer, en *Streams in the Desert* por L. B. Cowman, 25.

Capítulo 9: Contentamiento
1. Jeremiah Burroughs, *The Rare Jewel of Christian Contentment* (Carlisle, PA: Banner of Truth Trust, 2005), p. 19.
2. Burroughs, 28.
3. Warren Wiersbe, *The Wiersbe Bible Commentary: The Complete New Testament* (Colorado Springs, CO: Cook Communications, 2007), p. 767.
4. Tim Challies, "Th e Essential: Idolatry," challies.com (blog), 30 de diciembre del 2012: http://www.challies.com/articles/the-essential-idolatry.
5. Jerry Bridges, *The Discipline of Grace* (Colorado Springs, CO: NavPress, 1994), p. 131.
6. Elisha Galotti, "True Contentment," *The Galottis* (blog), October 18, 2012, http://www.thegalottis.com/2012/10/true-contentment.html.
7. Evelyn Underhill, en *The New Book of Christian Quotations*, comp. Tony Castle (Nueva York, NY: Crossroad, 1989), 136.
8. Burroughs, 90.
9. Hudson Taylor, citado en *The Red Sea Rules* por Robert J. Morgan (Nashville, TN: Nelson, 2001), p. 21.
10. C. S. Lewis, *Reflections on the Psalms* (Nueva York, NY: Harvest/Harcourt, 1958), pp. 96-97.
11. Epictetus, en *Worth Repeating*, ed. Bob Kelly (Grand Rapids, MI: Kregel, 2003), p. 65.
12. Burroughs, pp. 86-87.
13. Burroughs, p. 91.
14. Samuel Storms, *Pleasures Evermore* (Colorado Springs, CO: NavPress, 2000), 210.
15. Timothy Keller, *Counterfeit Gods* (Nueva York, NY: Riverhead Books, 2009), p. 19.

Capítulo 10: Humildad
1. Andrew Murray, *Humility* (Minneapolis, MN: Bethany, 2001), Prefacio.
2. Warren Wiersbe, *The Wiersbe Bible Commentary: The Complete New Testament* (Colorado Springs, CO: Cook Communications, 2007), p. 34.
3. *Random House Kernerman Webster's College Dictionary*, copyright © 2010, consultado en: http://www.thefreedictionary.com/humility
4. Wiersbe, p. 19.
5. Thomas Aquinas, en *Humility* por Andrew Murray, p. 13.
6. Barbara Madison, una amiga, citas de su carta a sus nietos después de ser diagnosticada con cáncer, 2008.
7. Murray, 63.
8. Dwight L. Moody, *The Overcoming Life*, "Humility," conusltado en: http://christianbookshelf.org/moody/the_overcoming_life/humility.htm
9. Anonymous, en *Streams in the Desert* por L. B. Cowman (Grand Rapids, MI: Zondervan, 1977), p. 277.
10. John Chrysostom: http://christian-quotes.ochristian.com/John-Chrysostom-Quotes/page-2.shtml
11. Gary Inrig, *Quality Friendship: The Risks and Rewards* (Chicago, IL: Moody, 1981), p. 168.
12. G. K. Chesterton, citado en *Never Scratch a Tiger with a Short Stick*, ed. Gordon S. Jackson (Colorado Springs, CO: NavPress, 2003), p. 85.
13. Anonimo, http://christian-quotes.ochristian.com/Humility-Quotes/
14. Louis Evely, citado en *The Pursuit of God: A 31-Day Experience* por A. W. Tozer (Camp Hill, PA: WingSpread Publishers, 1995), p. 202.
15. William Law, en *The Problem of Pain* por C. S. Lewis (Nashville, TN: Broadman, Holman; 1996), p. 49.
16. Saint Cyran, citado en *The New Dictionary of Th oughts: A Cyclopedia of Quotations* (Nueva York, NY: Standard, 1961), p. 500.
17. Meryl Streep, citado en *Treasury of Women's Quotes*, comp. Carolyn Warner (Englewood Cliffs, NJ: Prentice-Hall, 1992), p. 41.
18. Anonimo, citado en *Worth Repeating*, ed. Bob Kelly, (Grand Rapids, MI: Kregel, 2003), p. 176.
19. William Law, citado en *The Westminster Collection of Christian Quotations*, comp. Martin H. Manser (Louisville, KY: Westminster, 2001), p. 182.

Capítulo 11: Comunión divina

1. Andrew Murray, *Power in Prayer* (Minneapolis, MN: Bethany, 2011), p. 55.
2. Charles Spurgeon, *Morning and Evening: An Updated Edition of the Classic Devotional in Today's Language*, ed. Roy H. Clarke (Nashville, TN: Nelson, 1994), July 3.
3. Andrew Murray, *Daily Secrets of Christian Living*, comp. Al Bryant, (Minneapolis, MN: Bethany, 1978), May 6.
4. Warren W. Wiersbe, *The Wiersbe Bible Commentary: The Complete Old Testament in One Volume* (Colorado Springs, CO: Cook Communicaitons, 2007), 110.
5. Oswald Chambers, *My Utmost for His Highest* (Grand Rapids, MI: Discovery House, 1992), January 7.
6. A. W. Tozer, *The Pursuit of God: A 31-Day Experience* (Camp Hill, PA: WingSpread Publishers, 1995), p. 8.
7. William Howells, citado en *Words Old and New* por Horatius Bonar (Carlisle, PA: Banner of Truth Trust, 1994), p. 319.
8. Murray, *Daily Secrets of Christian Living*, April 8.
9. Murray, October 7.
10. Paul Tillich: http://www.brainyquote.com/quotes/quotes/p/paultillich107897.html/.
11. Mike Mason, *The Gospel According to Job* (Wheaton, IL: Crossway, 1994), pp. 229-230.
12. Warren Wiersbe, *The Wiersbe Bible Commentary: The Complete New Testament* (Colorado Springs, CO: Cook Communications, 2007), p. 767.
13. Annie Johnson Flint, "He Giveth More Grace", en *Hymns for the Family of God* (Nashville, TN: Paragon Associates, 1976), 112.
14. Ann Voskamp, *One Thousand Gifts* (Grand Rapids, MI: Zondervan, 2010), p. 161.

Sobre la autora

Cynthia Heald nació en Houston, Texas, y recibió a Cristo como su Salvador personal cuando tenía doce años. En 1960, se casó con Jack, quien es veterinario de profesión, pero ha sido miembro del personal de The Navigators desde 1978. Ellos viven en Tucson, Arizona desde 1977 y son padres de cuatro hijos (dos hijas y dos hijos) y abuelos de once nietos.

Cynthia es la autora de *Cómo ser una mujer de excelencia*, *Intimacy with God* [Intimidad con Dios], *Loving Your Husband* [Amar a tu esposo], *Cómo ser una mujer libre en Cristo*, *Cómo llegar a ser una mujer con propósito*, *Cómo llegar a ser una mujer de oración*, *Becoming a Woman Who Walks with God* [Cómo ser una mujer que camina con Dios], *Drawing Near to the Heart of God* [Estar cerca del corazón de Dios], *Cómo ser una mujer de gracia*, *I Have Loved You* [Te he amado], *Cómo ser una mujer de fe*, *Dwelling in His Presence* [Habitar en Su presencia], *Becoming a Woman Who Loves* [Cómo ser una mujer que ama], *Maybe God Is Right After All* [Tal vez Dios tiene razón después de todo], *Uncommon Beauty* [Belleza inusual], *Life Promises for Women* [Promesas de vida para las mujeres], *Becoming a Woman of Simplicity* [Cómo ser una mujer sencilla] y *Becoming a Woman of Strength* [Cómo ser una mujer de fortaleza].

Cynthia predica con frecuencia en conferencias de mujeres y seminarios nacionales e internacionales. Ella ama compartir la Palabra de Dios, pasar tiempo con su esposo y familia, darse baños de espuma, hacer tertulias de té y salir a comer fuera.